甘洛民族语言使用现状及其演变

Current Situation and Evolution of Ethnic Minority Languages in Ganluo

木乃热哈　主编

Editor in Chief：Munai Reha

戴庆厦　审订

Reviewer：Dai Qingxia

作者　木乃热哈　陈国光　朱文旭　罗　芳　马　娟　胡素华
　　　杰觉伊泓　卫　炜　余丽丽　李　晶

Authors： Munai Reha　　Chen Guoguang　　Zhu Wenxu　　Luo Fang
　　　　　Ma Juan　　　　Hu Suhua　　　　Jiejue Yihong　Wei Wei
　　　　　Yu Lili　　　　 Li Jing

2015年·北京

目 录

第一章 绪论 ……………………………………………………………… 1
  第一节 甘洛县概况 ……………………………………………………… 1
  第二节 调查设计 ………………………………………………………… 3

第二章 甘洛彝语使用的现状及其成因 ………………………………… 10
  第一节 彝族概况 ………………………………………………………… 10
  第二节 彝语是甘洛彝族最重要的交际工具 …………………………… 11
  第三节 甘洛彝族的语言态度 …………………………………………… 16
  第四节 甘洛彝语稳定使用的条件和因素 ……………………………… 21

第三章 甘洛彝族"彝—汉"双语制的建立及其成因 ………………… 24
  第一节 甘洛彝族"彝—汉"双语制的建立及现状 …………………… 24
  第二节 甘洛彝族未能形成全民双语制的原因 ………………………… 35

第四章 甘洛彝语及在语言接触中的汉语借词 ………………………… 37
  第一节 甘洛彝语概况 …………………………………………………… 37
  第二节 甘洛彝语在语言接触中的汉语借词 …………………………… 44

第五章 甘洛彝族青少年彝语使用情况 ………………………………… 55
  第一节 甘洛彝族青少年母语使用代际差异及城乡差异 ……………… 55
  第二节 甘洛彝族青少年的语言态度和语言行为 ……………………… 59

第六章 甘洛藏语尔苏话使用现状及成因 ……………………………… 63
  第一节 甘洛尔苏藏族概况及藏语尔苏话特点 ………………………… 63
  第二节 藏语尔苏话是甘洛尔苏藏族最重要的交际工具 ……………… 68
  第三节 甘洛藏语尔苏话稳定使用的条件和因素 ……………………… 72
  第四节 甘洛尔苏藏族全民双语制的建立及其原因 …………………… 74

第七章　启示、预测 …………………………………………………… 78
　　第一节　甘洛彝语、藏语尔苏话使用情况的启示……………………… 78
　　第二节　对甘洛彝语、藏语尔苏话使用今后演变的预测……………… 81

附录 ……………………………………………………………………………… 84
　　一　个案调查 …………………………………………………………… 84
　　二　调查问卷选登 ……………………………………………………… 100
　　三　彝语九百词测试表 ………………………………………………… 103
　　四　调查日志 …………………………………………………………… 126
　　五　照片 ………………………………………………………………… 129

参考文献 ……………………………………………………………………… 133

后记 …………………………………………………………………………… 134

Contents

Chapter I Introduction ·· 1
  1.1 Overview of Ganluo County ··· 1
  1.2 Designing of the Questionnaires ··· 3

Chapter II Current Situation of Yi Language in Ganluo and Its
                Contributing Factors ·· 10
  2.1 Overview of the Yi Ethnic Group ·· 10
  2.2 Yi Language as the Major Tool of Communication for the Yi People ············· 11
  2.3 The Yi People's Language Attitude ··· 16
  2.4 Conditions and Factors for the Stable Use of Yi Language ···························· 21

Chapter III Establishment of the "Yi-Chinese" Bilingualism for the Yi People
                 in Ganluo and its Contributing Factors ··· 24
  3.1 Establishment and Current Situation of the "Yi-Chinese" Bilingualism ············ 24
  3.2 Reasons for Failure to Establish Bilingualism Imbalance of the Yi People ········ 35

Chapter IV Yi Language in Ganluo and Its Chinese Loanwords Through
                 Language Contact ·· 37
  4.1 Overview of Yi Language in Ganluo ·· 37
  4.2 Chinese Loanwords in Yi Language in Ganluo ·· 44

Chapter V The Use of Yi Language among the Young Yi People in Ganluo ······ 55
  5.1 Inter-generational Difference and Urban-Rural Difference of the Young
       Yi People in Their Use of the Mother Tongue ··· 55
  5.2 Language Attitude and Language Behavior of the Young
       Yi People ··· 59

Chapter VI Current Situation of Tibetan Language's Ersu Dialect in Ganluo and Its Contributing Factors ·········· 63

6.1 Overview of the Ersu Tibetan People and Characteristics of Ersu Dialect in Ganluo ·········· 63

6.2 Ersu Dialect as the Major tool of communication for the Ersu Tibetan People in Ganluo ·········· 68

6.3 Conditions and Factors for the Stable Use of Ersu Dialect in Ganluo ·········· 72

6.4 Establishment of Bilingualism for the Ersu Tibetan People in Ganluo and its Contributing Factors ·········· 74

Chapter VII Revelation and Prediction ·········· 78

7.1 Revelations from the Use of Yi Language and Tibetan Language's Ersu Dialect in Ganluo ·········· 78

7.2 Predictions of the Future Evolution of Yi Language and Tibetan Language's Ersu Dialect in Ganluo ·········· 81

Appendices ·········· 84

1 Case Study ·········· 84
2 Selected Questionnaires ·········· 100
3 Test of 900 Yi Words ·········· 103
4 Journal of Investigation ·········· 126
5 Photographs ·········· 129

References ·········· 133

Afterword ·········· 134

第一章 绪 论

甘洛的语言资源很丰富,彝语包括了北部方言的所地、圣乍、义诺、田坝等次方言和土语,之前还没有人对甘洛的彝语使用情况进行过全面的调查。甘洛县还有不同于甘孜藏族自治州、阿坝藏族羌族自治州藏语的藏语尔苏话。为了对甘洛县的六个片区的彝族和尔苏藏族进行较全面的语言使用情况的田野调查,2006年7月中央民族大学18名本科生、6名研究生、5名老师共29人到甘洛县进行了第一次调查;在对调查问卷进行归类统计时,发现没有对城镇少数民族语言使用情况进行调查,2007年2月,由5名研究生和5名老师组成的调查组又到甘洛县进行了第二次调查。本书力求反映一些这两次田野调查的材料,并对甘洛的彝语和藏语尔苏话现时的使用和语言变化做一个全面描述,从而为这一领域的研究提供比较丰富的语言材料,并尽可能在感性认识的基础上形成一些理性认识。

第一节 甘洛县概况

地理概况:甘洛县位于四川省西南部,凉山彝族自治州的北部,地理坐标介于东经102°28′至103°01′,北纬28°38′至29°18′之间。面积2155.94平方公里,居住着彝、汉、藏等18个民族。其地处于四川盆地南缘向云贵高原过渡的地带,全为山地,岭高谷深,县境内有8座4000多米和60多座3000米以上的山。是由北面进入凉山彝族自治州的第一个县,有凉山"北大门"之称。县境东北隔大渡河与雅安地区的汉源县凭水相望,东与乐山市的峨边彝族自治县和金口河工农区(1985年更名为金口河区)相连,南连美姑县、越西县,西与雅安地区的石棉县接壤。甘洛县人民政府驻新市坝镇。北距省城成都市320公里,南至自治州首府西昌237公里。

行政区划与人口:1950年3月,海棠、田坝得到解放。1951到1952年间汉族地区实行土地改革。当时甘洛地区设有:越西县海棠区(第三区),辖海棠乡、坪坝乡、蓼坪乡、新建乡、两河乡;田坝片区(第四区),辖田坝乡、启明乡。1953年设越西县伦定自治区,辖斯普乡、宜地乡、黑马乡、腴田乡。同年置狭达堡、曾拉直属(越西县)自治乡,管辖海棠区少数民族居住地;田坝片区增设双河、新华两乡。1954年,岩润工作团、甘洛地区工作团依乌里克分团进驻尼日河东南岸开展工作,在民主改革中于1956年1月成立甘洛办事处,12月以甘洛彝族地区为主体纳田坝片区建甘洛县,县人民委员会驻新市坝,设普昌、田坝、博烘、斯觉、吉米区,辖20个乡。

凉山彝族自治州以前都是县下设区、乡，1999年后区改成区工委，只是协调各乡之间的关系。甘洛县全县辖7个片区工委，28个乡镇、226个村民委员会、837个村民小组。全县207057人，由18个民族构成，其中彝族人口为148151人，占总人口的71.55%，汉族54531人，占总人口的26.34%，藏族4183人，占总人口的2.02%，另有蒙古族16人、回族77人、苗族38人、其他民族61人，共占总人口的0.09%。

表1-1 甘洛县各民族人口分布表

地区	总人口	汉族	彝族	藏族	蒙古族	回族	苗族	其他
总人口	207057	54531	148151	4183	16	77	38	61
新市坝镇	41791	16610	24313	756	9	54	13	36
田坝镇	19939	17073	2810	35	3	5	7	6
斯觉镇	6387	268	6102	1			16	
吉米镇	5847	34	5809	3				1
普昌镇	11608	280	11319	7				2
玉田镇	7525	1047	6288	190				
海棠镇	4951	2037	2831	83				
前进乡	7410	3295	4094	4	3	11		3
胜利乡	6719	2871	3848					
新茶乡	3743	1831	1821	87		1		3
两河乡	2882	1559	1287	34				2
里克乡	5739	74	5662	3				
尼尔觉乡	5411	53	5355	1			2	
拉莫乡	2191	9	2181	1				
波波乡	2750	10	2740					
阿嘎乡	4376	14	4362					
阿尔乡	10814	42	10770	2				
石海乡	7863	45	7816	2				
团结乡	7403	3434	3502	465				2
嘎日乡	8439	714	7719			5		1
则拉乡	3411	14	2365	1031	1			
坪坝乡	5094	2017	2669	403				5
蓼坪乡	5158	994	3108	1055		1		
阿兹觉乡	3612	87	3522	3				
乌史大桥乡	3857	41	3813	3				
黑马乡	4437	26	4406	5				
沙岱乡	3241	17	3216	8				
苏雄乡	4459	35	4423	1				

（注：以上数据由甘洛县公安局2007年提供）

农业与矿产：甘洛气候属亚热带季风型气候，有适宜各类农作物生长的气候环境，可以种植水稻、玉米、小麦等，但甘洛因其海拔较高的地理条件，主要出产耐寒农作物，如洋芋、荞麦、燕麦、白云豆等。1978年党的十一届三中全会后，国家全面推行家庭联产承包责任制，大搞科学种田，兴修水利，狠抓粮食生产，到1990年粮食总产量达62715吨。

甘洛地处横断山脉中段，攀西大裂谷北段，地层发育齐全，地下矿产极为丰富，已探明的产矿地带74处，其铅锌矿产量约占全国的30%，是全国水利百强县和电气化县。

教育：甘洛在明清时只有汉区有几处私塾，学生不到100人，文盲占社会人数的98%以上。民国时虽办有中心校、保国民学校，以及彝族的开明土司岭光电先生办的"斯补私立边民小学"等近20所学校，但入校学生不足500人，而且校舍及教学设备都十分简陋。新中国成立后，教育事业得到很大发展，国家增大教育经费投入，从内地调来大批师范毕业生，担任各地教师，兴办彝族聚居区小学，在人口较集中的村寨大都有了小学。

语言与文化：甘洛县以彝族、汉族为主体，同时还有一个自称为尔苏藏族的支系。甘洛彝族保持和使用自己的语言。彝语为汉藏语系藏缅语族彝语支，分为六大方言。四川彝语属于北部方言，云南省宁蒗县彝语、迪庆藏族自治州部分彝语、楚雄彝族自治州东部有些县的彝语，也属彝语北部方言。彝语北部方言的使用人口有240万左右，是使用人口最多、最集中的一个方言，北部方言内部交流没有障碍。

甘洛的尔苏藏族有自己的语言，还有一种未完全脱离图画的叫"尔苏沙巴"的文字。尔苏藏族人的语言能力很强，当地的彝族、汉族人都称他们为"长有三根舌头"的人，中老年人的汉语、彝语都很好，可以说是名副其实的双语、三语人。但是当地的汉族、彝族人却极少会讲藏语尔苏话的，汉语仍然是当地各民族间主要的交际语言。

甘洛有着多姿多彩的彝、汉、藏民间文化，其表现形式也多种多样。就彝族文化而言，甘洛的语言资源极其丰富，有圣乍土语、义诺土语、田坝土语、乌史大桥土语。从社会形态看，1956年民主改革前，有土司管辖的白彝文化区，彝语俗称"曲木苏"；有奴隶制管理形式的黑彝文化区，彝语俗称"诺木苏"；有既不属于白彝也不属于黑彝管辖的独立倮倮，彝语俗称"尔吉沙嘎"的白彝自由民区域。

第二节　调查设计

一、调查方法

我们使用的调查方法，主要是个案穷尽调查法和点面结合法。调查组先后两次对甘洛有代表性的村寨进行彝语和藏语（彝语六个区，藏语三个区）使用情况入户调查，还到县城彝族和藏族比较集中的县中学、民族中学、小学、公安局、语委、县志办、广播电视局、医院、甘洛县宾馆、企业局等单位进行调查，并在乡村走访了村民、宗教人士（彝族的毕摩、藏族的沙巴）、村寨长老、基层干部、教师、学生等各方面的代表人物。

二、关于调查点的选择

甘洛县1992年撤区建镇。1999年,凉山地区绝大部分县又恢复区的建制,甘洛县根据实际情况,设立区工委作为县里的一个派署机构,主要职能是协调各乡之间的关系。全县现有7个片区(田坝片区、玉田片区、苏雄片区、吉米片区、普昌片区、斯觉片区、海棠片区),共28个乡镇。甘洛的语言使用情况是:尼日河以东是圣乍土语和义诺土语使用区域,也就是人们俗称的1956年民主改革前黑彝管辖区域,彝语叫"诺木苏"或"诺木地","诺"意为"黑","木"意为"地区"或"地方","苏"意为"的","地"意也为"地方";尼日河以西是田坝土语使用区域,除玉田镇和海棠镇外,历史上,均属于土司管辖范围,俗称"曲木苏"或"曲木地","曲"意为"白"。

语言使用的差异往往与其地理分布有关,甘洛县位于凉山州的最北端,攀枝花的盐边县是凉山州的最南端,在北部方言里,如果形容某人的名声大就说,其名声北至甘洛南至盐边。甘洛县全是山地,岭高谷深,境内3000米以上的山就有60多座,还有大小河流十来条。为了能较全面地调查到甘洛的语言使用情况,我们考虑到每种方言选取两个片区作为调查点,而苏雄片区与田坝、玉田片区都属于田坝土语区域,因此我们将甘洛县除苏雄片区以外的6个片区都选为调查点,在每个片区里选1—2个乡、镇作为重点进行调查。田坝土语区主要调查了田坝镇、玉田镇、新市坝镇,义诺土语区主要调查了吉米镇、普昌镇,圣乍土语区主要调查了斯觉镇、海棠镇。

图1-1 甘洛县各片区示意图

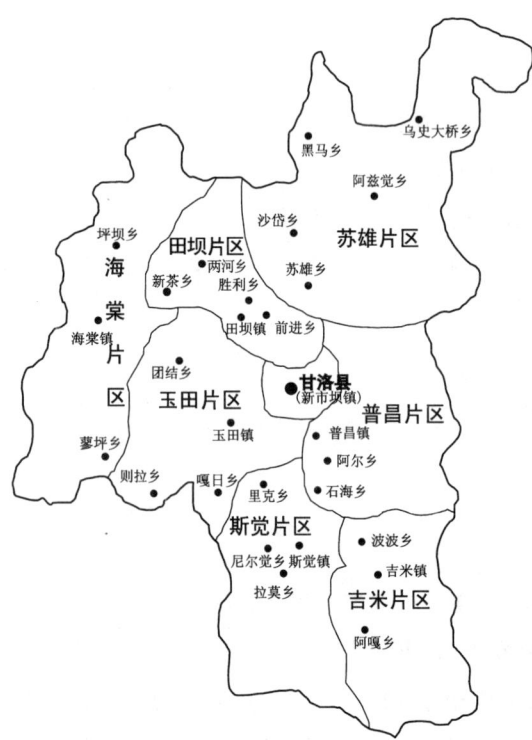

(资料来源:本示意图以中国地图出版社2013年1月出版的《中国分省系列地图册——四川省地图册》第135页为底图绘制而成。)

1. 田坝片区(田坝土语中心区)

田坝片区区公所驻田坝镇,田坝镇距县城11公里,面积224.2平方公里,辖田坝、前进、胜利、新茶、两河5个乡镇,有53个村民委员会,居民7117户,40693人。彝汉杂居,汉族居民为26629人,占65.44%;彝族居民13860人,占34.06%;藏族居民160人,回族居民17人,其他民族居民27人共占0.5%。

田坝片区是甘洛县经济最发达的地区,也是彝族居民汉化程度最高的地区。历史上,凉山地区最大的土司是岭邦正,1956年民主改革后,他被西康省委任命为凉山彝族自治州副州长,衙门设在前进乡的基打古;凉山地区最开明的土司"煖带田坝土千户"岭光电先生的衙门设在胜利乡斯普村。岭光电于1937年开办学校,是凉山彝族自治州彝族人中第一个开办有现代意义学校的人,他在其所管辖范围大力推行新生活,他开办的学校培养了一大批彝族知识分子,这些人后来成为凉山州彝族干部的骨干力量。

田坝片区各乡都有完小小学,大的村都有1—3年级的小学,镇里有一所中学,是甘洛县区乡中学里教学质量最好的学校。

调查前我们认为田坝居民的汉语程度和文化程度高了,很多人就会不懂彝语了。事实完全相反,即使是田坝镇里与汉族杂居的彝族居民,从学龄前儿童到70来岁的老人,他们的彝语仍然保存得很好。

2. 玉田片区(田坝土语区)

玉田片区地处县境中部,面积250.1平方公里,距县城10公里,辖玉田、团结、嘎日、则拉4个乡镇,37个村民委员会。居民4632户,26778人,其中彝族居民为19874人,占74.22%;汉族居民5209人,占19.45%;藏族居民1686人,占6.30%;其他民族居民9人,占0.03%。玉田是除海棠片区以外藏族居民最集中的一个地区。

玉田的彝族居民主要有两大姓氏,即尔吉和沙呷。他们既不属于白彝土司管辖,也不受黑彝的统治,故称之为独立倮倮。他们所占的地理位置很特殊,东有尼日河,西有双南河,与越西县交界处也有白沙河,正好在一座四处环水的山上。从社会性质来看,1956年民主改革前当地彝族社会属于奴隶制社会,实行等级制。1956年后,国家根据当时家里有无奴隶、占有土地的情况、经济状况等,把当地彝族划分为不同成分。

玉田镇建有中学一所,在甘洛县的区乡中学里,除了田坝镇中学就数玉田中学的教学质量好,各乡都有完小,大的村1—3年级都有小学。

经调查,玉田镇的彝族彝语都保存完好。居住在这里的藏族居民大多数藏语也都保存较好,他们的汉语、彝语的水平也很高,只有极少部分藏民,由于长期居于彝族村寨,与藏族来往少,有的青年人和小孩已基本不会或完全不懂藏语。居住在玉田镇林杂村团结组的87岁老人木呷使布(他也是目前甘洛县藏族中年龄最大的一位),他家已定居在该地好几代了,他家周围都是彝族,他本人取的是彝族人的名字,他的子女取的也是彝族人的名字,衣服也都是穿彝族人的服装,他的孙子辈已不懂藏语。他本是藏族沙巴(祭司),但现在成了附近几个彝族村子里最有名的毕摩,也是玉田一带最有名的毕摩。

3. 苏雄片区(田坝土语区)

苏雄片区在县境东北边,面积448.8平方公里,辖苏雄、阿兹觉、乌史大桥、黑马、沙岱5个乡,30个村民委员会,居民3156户,19606人,属彝族聚居区,其中彝族居民19380人,占98.85%;汉族居民206人,占1.05%;藏族居民20人,占0.10%。

苏雄片区处于河谷地带,属亚热带气候,生产玉米、高粱等农作物,为甘洛县最主要的木材生产基地,也是凉山最闻名的杆杆酒的主要出产地。1956年民主改革前苏雄片区属于土司岭邦正的管辖范围。阿兹觉、黑马、沙岱、苏雄4个乡的彝语与田坝土语相差无几,但是乌史大桥乡的彝语、风俗习惯与其他地区的有较大差别,尤其是丧葬习惯。四川的彝族以及云南小凉山地区的彝族都是实行火葬,但乌史大桥的彝族有的已实行土葬,其服饰与甘洛其他地区的彝族也完全不一样,与白族和布依族的服饰有些相近。有观点认为他们是从云南来的,并与布依族有关,这需要进一步的考证。

苏雄各乡都有完小,大的村寨也有1—3年级的小学,苏雄区有一所中学。

苏雄的彝语都保持完好。

4. 吉米片区(义诺土语中心区)

吉米片区为彝族聚居地,位于县境东南端,面积365平方公里,辖吉米、波波、阿嘎3个乡镇,22个村民委员会,居民2271户,12973人,其中彝族居民12911人,占99.52%;汉族居民58人,占0.45%;其他民族居民4人,占0.03%。

吉米片区居民和耕地多在高山和二半山区,气温较低,宜林宜牧,全区三个乡以农业为主,一个乡半农半牧,农作物只能产玉米、洋芋、荞麦。吉米片区是甘洛县交通条件、自然条件最差的区,也是经济最不发达和教育水平最低的区之一。

吉米各乡都有完小,大的村寨也有1—3年级的小学,镇所在地有一所中学。经调查,吉米的彝语保持完好,它是甘洛县义诺土语的中心区域(与义诺土语中心区美姑县接壤)。吉米片区是甘洛县唯一设有一类教育模式学校的片区,即从小学一年级开始到初、高中毕业都用彝语进行授课,并用彝语文参加高考(即民考民)。西南民族大学彝学院、西昌学院彝文系于1996年就已开始招收一类体制的彝族考生,已培养了一大批彝语基础非常好的大学生,他们在凉山彝族自治州各县、乡发挥了积极的作用。

5. 普昌片区（义诺土语区）

普昌片区在县境中部，占地 245.3 平方公里，辖普昌、阿尔、石海 3 个乡镇，普昌镇是距县城最近的一个镇，仅有 7 公里。有 46 个村民委员会，居民 5259 户，30281 人，其中彝族居民为 29905 人，占 98.75%；汉族居民 367 人，仅占全区总人口的 1.21%；其他民族 9 人。

普昌气候温和，雨量充沛，土地肥沃，盛产水稻、玉米，是甘洛的粮食主产区。农村经济改革以来，粮食产量年年增产，促进了养殖业的发展，也是甘洛县主要的肉、禽、蛋产品基地。"普昌"一词是彝语的音译，其意是"盛产水稻的地方"。

普昌片区的彝语保持得非常完好。普昌片区各乡都建有完小，大的村寨基本上都有 1—3 年级的小学，曾建过一所中学，后来由于种种原因被取消，是甘洛县教育水平较低的乡镇之一。

6. 斯觉片区（圣乍土语区）

斯觉片区位于县境西南，面积 239.8 平方公里，辖斯觉、拉莫、里克、尼尔觉 4 个乡镇，25 个村民委员会。有居民 3929 户，19728 人，其中彝族居民 19300 人，占 97.83%；汉族居民 404 人（主要都是镇上居民和做生意的，以前在斯觉镇附近有少数汉族居民，90 年代后期已陆续迁往县城附近），占 2.05%；其他民族 24 人，仅占 0.12%。

斯觉片区的彝族绝大部分都讲圣乍土语，有一小部分讲义诺土语。斯觉镇的彝语保留得非常完好。

斯觉片区各乡都建有完小，大的村寨建有 1—3 年级的小学，也曾经建过一所中学，后被取消，是甘洛县教育水平较低的乡镇之一。

7. 海棠片区（圣乍土语区）

海棠片区在县境西北，面积 352.9 平方公里，辖海棠、蓼坪、坪坝 3 个乡镇，25 个村民委员会，居民 2399 户，15203 人。其中彝族居民 8608 人，占 56.63%；汉族居民 5048 人，占 33.2%；藏族居民 1541 人，占 10.14%，是甘洛县藏族人最集中的区和人口最多的区。

海棠片区地处高山，气候寒冷，村民大多居住在海拔 2000—2300 米地带，因气候寒冷只能产洋芋、荞麦、玉米，经济作物有花椒、核桃、生漆等，也有冷杉、铁杉等优质木材。乡镇企业有伐木、采矿、农具修造、皮张加工等，酿酒业也较发达。海棠的腊肉、洋芋、海棠白酒在全凉山都很有名。

古籍称海棠为达士驿，今彝族仍称夏达铺，系"清溪古道"上的重要关隘。明弘治年间（1488—1505 年）置镇西守御后千户所，属越西厅。清雍正六年（1728 年）设海棠督司府，民国时是越西县海棠区和海棠乡驻地，1959 年划归甘洛县。

海棠镇的彝族在 1956 年民主改革前是属于黑彝统治范围，实行奴隶制。海棠各个乡都建有完小，大的村子也都建有 1—3 年级的小学，海棠镇建有一所中学，其教学质量在乡镇中学是比较好的。

经调查,海棠片区的彝族彝语保持完好。海棠片区的藏族不仅母语保持完好,汉语和彝语也很精通。

8. 新市坝镇

新市坝镇,彝名叫"树树觉",意为"长红酸果树的坝子"。1981年建城关镇,1995年改为新市坝镇,辖5个居民委员会。居民3961户,41791人,其中汉族居民16610人,占39.75%;彝族24313人,占58.18%;藏族756人,占1.81%,其他民族112人,占0.26%。

经调查,新市坝彝族的彝语保持得比较好,生活在农村的青少年都懂彝语,只是大部分青少年的清化鼻音都脱落了。居住在新市坝镇的藏族,都是小聚居,藏语保持较好,大部分中青年能讲彝语。

三、语言能力等级的划分

不同地区、不同年龄、不同民族的人的彝语和藏语尔苏话水平是有差异的。为了比较贴近实际地认识甘洛县彝族和尔苏藏族语言使用的现状和特点,我们对其语言能力的等级进行了划分。语言能力包括听、说、读、写四项基本技能,但当地彝族文字并不广泛通用,尔苏藏族已没有人懂藏文了,因此不要求读、写两项技能。

根据实际需要,我们把操用彝语和藏语尔苏话的人的语言能力划分为熟练、一般、略懂和不会四等。不同等级与听、说等能力强弱的关系见表1-2("+"表示能力强,"-"表示能力弱,"0"表示不会):

表1-2

等级	听的能力	说的能力	能否交际
熟练	+	+	能
一般	+	-	能
略懂	-	0	部分
不会	0	0	不能

具体来说,这四个等级的定位是:(1)"熟练":指能在日常生活中自如地运用彝语/藏语尔苏话,听、说能力俱佳。生活在乡村的彝族和尔苏藏族绝大部分属于这种情况。(2)"一般":指能听懂彝语/藏语尔苏话,也会说,但在日常生活中多说汉语。这部分人主要是指居住在田坝土语区域、与汉族杂居的一部分青少年,以及尔苏藏族中极少的一部分长期居住于彝族村寨、与本民族来往少的人。(3)"略懂":指只能听懂简单会话,一般不说。(4)"不会":指既听不懂也不会说彝语/藏语尔苏话。彝族中这类人主要是长期与汉族居住和在城镇工作的青少年。尔苏藏族中这类人主要是指长期居住于彝族村寨,与本民族来往少和在城镇工作的青少年。

四、年龄段的划分

掌握语言的能力在不同年龄阶段会有些差异,我们称之为语言使用的"代际性特点"。经调查分析,彝族、尔苏藏族使用各自母语的情况可划分出三个年龄段:(1)1—18岁,即青少年阶段;(2)19—50岁,即中青年阶段;(3)51—80岁,即老年阶段。

第二章 甘洛彝语使用的现状及其成因

本章主要是依据调查组实地调查所获得的第一手材料,对甘洛彝语使用的现状进行分析,从而认定彝语在甘洛彝族现实生活中的活力,并分析形成这种使用现状的各种因素。

第一节 彝族概况

彝族是居住在我国西南地区的一个具有悠久历史、灿烂文化的民族,分布地域辽阔,横跨滇、川、黔、桂四省区,人口众多。据2000年人口普查,中国境内的彝族人口为7762270人,80%以上分布在云南、四川两省,以大凉山、哀牢山、乌蒙山、无量山为主要活动区,北至大渡河,东至鸭池河以西,西至澜沧江以东,南跨中越、中老边境均有彝族聚居,金沙江两岸、红河流域为中心活动地带。其中凉山彝族自治州、楚雄彝族自治州、红河哈尼族彝族自治州为较大的彝族聚居区域。彝族自治县主要分布于楚雄、凉山、红河哈尼族彝族自治州外的滇、川、黔、桂西部地区。另据有关资料介绍,彝族还分布于缅甸、老挝、越南、泰国。缅甸约近10万人,分布在东北地区;泰国近万人,分布在龙谷河、莫河之间地带;老挝有近万人,分布在乌涅亚和孟格涅边界山区;越南有2000多人,分布在孟康、保乐等县。

凉山彝族自称和他称主要有"诺苏、罗罗、阿细、倮倮颇、拉倮颇、聂苏、聂苏颇、纳苏、纳苏颇、腊鲁、他鲁、纳罗、葛濮、迷撒、濮拉、撒尼、里颇、果拔、阿哲"等,中华人民共和国成立之后,废除汉文史籍中使用的"夷",汉称统一确定为"彝"。

关于彝族的族源问题,学术界尚未有统一定论,说法颇多,有北来说、东来说、西来说、南来说、外来说、土著说等。目前学术界争议最多的是北来说和土著说。综合几种说法,据有关的历史学、民族学、人类学、彝文文献资料、彝族民间传说及有关方面的证据材料,我们认为彝族以北来氐羌人为主体,先后与西南的土著人融合,经过漫长的历史阶段,约在春秋战国时期形成彝族族体。

至新中国成立时,云南、四川、贵州、广西等地彝族的社会形态不同,云南、贵州、广西的彝族大都已进入了封建社会,凉山彝族到1956年民主革改时仍然完整地保留着奴隶社会制,生产力非常落后。

甘洛县彝族曾有土司管辖的白彝文化区,彝语俗称"曲木苏";有奴隶制管理形式的黑彝管辖区俗称"诺木苏";有既不属于白彝也不属于黑彝管辖的独立保保,彝语俗称"尔吉沙嘎"的白彝自由民区域。

第二节　彝语是甘洛彝族最重要的交际工具

我们从土语使用区域、年龄段、使用场合和不同时期等 4 个方面,对甘洛县 7 个片区和新市坝镇的彝语的使用情况进行了全方位、多角度、立体式的考察,并重视共时与历时结合,考察不同时间、空间、使用者、使用场合下彝语使用的共性和差异。

经过考察,彝语使用有以下基本特点:1. 彝语是彝族日常生活中最重要的交际工具。2. 彝语仍然具有很强的活力,虽然在不同土语使用区域有些差异,不同的年龄段、不同场合的使用者有一定的差异。3. 彝语只在长期与汉族杂居的很少一部分青少年中出现了衰退迹象。

一、彝语是甘洛彝族人日常生活中最重要的交际工具

由于历史原因和特殊的地理条件,甘洛在历史上形成了土司管辖的田坝土语白彝区域,黑彝统治的义诺土语、圣乍土语黑彝区域(苏雄片区的乌史大桥话单列)。从今天总体的发展情况看,无论是经济发展、交通条件还是汉化程度,白彝田坝土语区域都高于黑彝义诺土语、圣乍土语区域;但仅从彝族文化的保留、对彝族文字的掌握、全民语言的使用来看,黑彝义诺土语、圣乍土语区域好于白彝田坝土语区域。

我们首先对甘洛的 7 个片区和新市坝镇进行一般调查,再从中选取有代表性和有特点的乡村作为调查重点,进行穷尽式的调查,逐一统计了每个家庭每位成员的姓名、性别、年龄、民族、文化程度、彝语和汉语(有的还有第三语言)的能力。同时,对乡镇机关、学校、县城机关中彝族和尔苏藏族人相对较多的单位进行了调查。具体情况如下:

年龄范围:最小的 7 岁,最大的 73 岁,平均年龄 30.91 岁。年龄分组:7—18 岁 125 人,占总人数的 25.8%;19—50 岁 306 人,占总人数的 63.2%;51—80 岁为 53 人,占总人数的 11%。

性别:男性 316 人,占总人数的 65.3%;女性 168 人,占总人数的 34.7%。

民族:彝族 418 人,占总人数的 86.4%;汉族 15 人,占总人数的 6%;尔苏藏族 51 人,占总人数的 7.6%。

文化程度:未读过书的 72 人,占总人数的 14.9%;读过小学的 179 人,占总人数的 37%;读过中学的 136 人,占总人数的 28.1%;读过高中的 31 人,占总人数的 6.4%;读过中专的 18 人,占总人数的 3.7%;读过大专的 27 人,占总人数的 5.6%;读过本科和本科在读的 21 人,占 4.3%。

片区:甘洛县城 90 人,占总人数的 18.6%;田坝片区 102 人,占总人数的 21.1%;玉田片区 69 人,占总人数的 14.3%;斯觉片区 42 人,占总人数的 8.7%;海棠片区 90 人,占总人数的 18.6%;普昌片区 38 人,占总人数的 7.9%;吉米片区 43 人,占总人数的 8.9%;新市坝镇 10 人,占总人数的 2.1%。

从调查结果来看：

1. 除田坝片区的新华村有极个别青少年彝语能力差外，其余各乡镇村寨的彝族人的彝语水平都很高。玉田片区（赤夫村、清水村、勿西村）、海棠片区的蓼坪乡（腊岱村、腊梅村）、普昌片区（黑木居村、哈木村）、吉米片区（色达村）、斯觉片区（依乌村、石德村）、田坝片区的胜利乡（雄普村），这些地方的被调查者使用彝语的熟练级比例高达100%。

2. 吉米片区、普昌片区、斯觉片区和苏雄片区等几个彝族人口占绝对优势的片区，仍以彝语为最主要的交际工具，尚未完全形成"彝语—汉语"的双语型社区。田坝片区、新市坝镇、海棠片区、玉田片区虽已形成"彝语—汉语"的双语型社区，但如果双方都是彝族并且都会讲彝语，他们还是会用彝语进行交流，如果一方非彝族，但会讲彝语，双方也都使用彝语。

二、不同场合彝语的使用情况

语言的使用场合称"语域"，不同语域中，语言的选择和使用有不同的特点。在日常生活中，如果双方都是彝族并且都会讲彝语，他们会用彝语进行交流。如果其中的一方不是彝族，就要看他是否会听、说彝语，因此有三种可能。即：(1)非彝族一方如果会讲彝语，双方就会使用彝语。(2)非彝族一方如果不会听、说彝语，双方就使用汉语。(3)如果彝族一方不会说或不习惯说汉语，但能听懂，而非彝族一方不会或不习惯说彝语，但能听懂，那么，双方各自说自己的语言来完成对话，互不干扰，互相配合，又能达到交流的目的。

下面具体分析一些主要场合中语言使用的特点。

（一）家庭内部

族内婚姻家庭和族际婚姻家庭语言使用情况存在差异。主要有下列几种情况：

1. **族内婚姻家庭以彝语为主**。族内婚姻家庭的成员若都是彝族，祖父母辈、父母辈、子女辈等不同辈分的人之间都用彝语进行交流，极少用汉语来交流。每一个彝族人在成长过程中，都用彝语接受长辈传授生活常识、生产经验、传统文化等，平时聊天讲话也都用彝语。外出打工的年轻人一旦回到自己的家乡，也用彝语与自己的家人、同胞们打招呼。如果彝族人不会讲彝语，就无法融入到本民族的生活中去。

2. **族际婚姻家庭一般是使用"彝语—汉语"双语**。嫁到彝族村寨的汉族媳妇或到彝族村寨的汉族入赘女婿，一般都不会说彝语，所以与家庭成员的交流都讲汉语，但家庭中的彝族人之间交流仍用彝语。如新市坝镇尔觉村的木乃尔堵的妻子是从城关镇岩润乡嫁过来的汉族，嫁到尔觉村已有七八年了，能听懂一点彝话，但平时还是习惯讲汉语，不讲彝语，其丈夫、孩子们与她交流时就讲汉语，而与其他成员之间的交流都用彝语。再如，尔觉村的阿芝，与二十年前来尔觉村修桥的眉山人倪华结为夫妻，家庭成员与倪华交流时改用汉语，家庭其他成员之间的交流仍用彝语。再如，倪祥能全家在尔觉村居住了三十多年，他的父母虽然能听懂些彝语，但平时不怎么讲，他本人的彝语已非常流利，在家里与父母、兄妹间交流用汉语，在外与彝族人交流用彝语。他的妻子是彝族,他与妻子、子女之间交流也都用彝语。

(二) 学校

1. 甘洛县教育发展概述

甘洛县各乡镇都建立了比较完善的九年制义务教育体系,乡村主要是小学教育和初中教育,县城及较大的镇有幼儿园和学前班。

光绪年间,甘洛县办有一所私塾。清末民初,海棠和启明两地汉族聚居区,先后办有20多家私塾。1942年起逐步设立保国民学校,至1944年,海棠、启明两地有乡中心小学2所,保国民学校18所,共30个教学班,约500名学生。

1951年,海棠和田坝有小学11所,在校生999名。1952年接收开明土司岭光电先生开办的斯补私立边民小学——斯普民小。至1956年,全县(不含海棠)小学发展到15所,共有65个教学班,在校学生2312人,其中少数民族学生557人。

从学校的分布来看,除海棠外,学校都设立在汉族聚居区,1956年前基本上没有彝族人进入这些学校学习。黑彝统治区域的义诺土语区域、圣乍土语区域在1956年以前,既没有私塾也没有开办过任何形式的学校。

在我们所调查的所有区乡中,当地最好的房子就是学校的房子。甘洛最近几年来,财政收入大幅度增长,县委县政府很重视教育工作。实施"四川省民族地区教育发展10年行动计划"。寄宿制学生达到7628人,推行中小学"一费制",实行"两免一补"的扶持政策。教师队伍建设得到加强,教育质量不断提高。2005年全县"两基"(基本普及九年义务教育,基本扫除青壮年文盲)工作顺利通过省、州的评估验收,并获得了全省的"双基"先进县的光荣称号。

四川省在前几年就已在小学阶段全面实施用普通话进行教学,还提出在小学三年级开始将英语作为必修课来开设。我们所到的学校,学生、老师都使用普通话,尽管有些老师的普通话不够标准,仍然坚持用普通话教学。

2. 双语教育情况

凉山州各县实施双语教育的情况也不一样。昭觉、喜德、美姑、布拖等彝族高度聚居区,县、乡镇、村的学校都开设有彝语课,如喜德中学、昭觉县中学从初中到高中都是一类体制教育,即以彝语文为主,汉语文为辅,从小学阶段开始一直到高三,所有开设的课都用彝语文教授。

甘洛开展双语教育的情况是:

田坝土语区域,即田坝、苏雄、玉田的乡镇,他们的汉语基础相对较好,家长们不愿意把自己的孩子送去学习彝语文,加之彝语文教师短缺,许多学校都没有开设彝语文课。田坝的新华中学和玉田中学开设有彝语文课。义诺土语、圣乍土语区域,即普昌片区、吉米片区、斯觉片区,这几个片区的村民整体汉语基础都较差,因此,各乡镇的中学、村小都开设有彝语文课。普昌、斯觉及其他开设有彝语文课的乡镇,都是二类体制,每周只有两节彝语文课。目前只有吉米镇中学是一类体制教育，从小学到初中的课程都是用彝语文来教授。吉米的一类体制只到初中，高中只能到昭觉和喜德等有一类制高中的县去上。西南民族大学于1996年就开始招收一类体制的本科生。普昌片区、吉米片区、斯觉片区这些义诺土语、圣乍土语区域的双语教育主要是为了解决学生刚入学时过汉语关问题，一二年级的学生一般都没有接触过汉语，必须要有一个语言过渡。这些乡镇村寨的老师采用双语教学，教课时用彝语辅助教学，即用普通话教学为主，用彝语来解释，以便于学生理解和掌握。这样的教学持续到三四年级。四年级以后学生能基本适应普通话教学。在平时的师生交流中，用彝语或用汉语交流，视具体情况而定。

3. 师生语言使用情况

（1）老师之间

在田坝片区、玉田片区、苏雄片区和海棠镇的学校里，小学教师中彝族、汉族教师约各占一半（有少部分尔苏藏族老师），中学的汉族教师要多于彝族教师。在斯觉、普昌、吉米等讲圣乍土语和义诺土语的乡镇学校，无论小学还是中学，汉族教师均多于彝族教师。老师们在平时的交际中，语言使用与民族成分有关。一般彝族教师之间交流用彝语，彝族教师与其他民族教师之间交流用汉语方言（即西南官话，他们不会用普通话交流）。当然也有例外，有些话题、有些场合，彝族教师之间可能用汉语交流；有时彝族教师与尔苏藏族教师可能用彝语交流，但不会用藏语尔苏话，因为彝族教师不懂藏语尔苏话，而尔苏藏族教师绝大部分都懂彝语；有时彝族教师与某个懂彝语的汉族教师交流也用彝语，在乡村学校里有不少汉族教师懂彝语，甚至说得非常好。

（2）学生之间

老师在课堂上多用普通话进行教学，学生们在课堂下讲什么话，与他们的民族有关。一般的情况是：同一民族之间用本民族语言进行交流，即汉族学生之间用汉语，彝族学生之间用彝语，尔苏藏族学生之间用藏语尔苏话进行交流。如果是一个不懂本族语的彝族学生，便只能用汉语跟别人交流；彝族学生与尔苏藏族学生有时会用藏语尔苏话。比如，我们在普昌镇调查时，学生们聚在一起讲彝语，相互询问要问他们些什么。调查组人员用彝语向他们说明要调查的内容，对他们进行一对一的问卷调查。调查人员问他们平时同学之间是用彝语还是用汉语交流时，他们回答用彝语。当我们要求他们用普通话回答问题时，他们开始很害羞，但是经调查员的引导，他们很快便用普通话回答了提问。在甘洛县民中、甘洛县二小做调查时情况也是这样。

（3）老师与学生之间

甘洛县各区乡学生的民族成分不一样。田坝片区的学生主要是汉族，其次为彝族；苏雄片区、普昌片区的学生主要是彝族，其次是汉族；吉米片区、斯觉片区的学生基本上是彝族，有极少数汉族；海棠片区的学生主要是汉族，其次是彝族，尔苏藏族最少；玉田片区的学生成分主要是彝族，其次是汉族和尔苏藏族。教师的民族成分主要是汉族，其次是彝族，再次为尔苏藏族。

教师的课堂用语是普通话,但课下教师之间、教师与学生之间一般不用普通话交流。我们在甘洛民族中学做调查时,多位教师都说课堂用语要求普通话,但平时大多用当地汉语方言、彝语或者藏语尔苏话进行交流。当我们问及课下学生与教师交谈用什么语言时,回答用当地汉语方言、彝语或者藏语尔苏话,不习惯用普通话。

学校是推广普通话的场所,教师又是普通话的积极推广者,但四川人不爱讲普通话或没有讲普通话的习惯,因此,普通话在四川地区的推广,尤其是在凉山这样的偏远山区,还需下大力气。其实,我们在调查时发现,被调查的对象,尤其是学生,从语言的选择上看,大多数人都选择最希望说的话是普通话、彝语,最后才是汉语方言,没有一个人选择无所谓。从彝语、汉语、英语授课方式的选择来看,选择汉语、英语授课的更多,这反映出彝族学生都希望走向主流语言的心态。

(三)政府机关

甘洛县彝族占全县总人口的 71.55%,从县委、县政府、人大、政协到各单位、各部门都有不少彝族干部。我们对彝族干部、公务员比较集中的单位进行了语言使用情况的调查。为了掌握第一手资料,我们首先从公安局获取了甘洛县的所有人口数据。公安局是彝族公务员比较集中的一个单位,其中彝族约占 53%。彝族公安干警们与我们打招呼都是用彝语,他们之间聊天也用彝语。有些懂彝语的尔苏藏族干警有时也用彝语来聊天。他们讨论工作、办案子时大多用汉语。我们在公安局见到有些彝族老乡来问案子、办事情,有些彝族干警便用彝语和老乡交谈。

(四)广播电视局

在广播电视局工作的彝族人多来自苏雄、田坝、斯觉、普昌等片区,他们之间的交流基本上是用彝语,而且大多用圣乍土语,与汉族同事交流用汉语,有时也用普通话。

(五)宾馆

县宾馆服务员大多是初中或高中毕业,只有主管是大学毕业,他们的年龄在 18—24 岁之间,基本上都是彝族,只有两名是尔苏藏族。由于宾馆的服务性质决定,必须要讲普通话,开始他们与我们交流用普通话,后来我们几个彝族老师和研究生同他们讲彝语,他们马上改用彝语与我们交谈起来。两个尔苏藏族服务员都是小伙子,他们的藏语尔苏话很好,懂些简单的彝语,他们在家里使用藏语尔苏话,遇见本族人用藏语尔苏话交流,遇见彝族、汉族用汉语交流。

(六)娱乐餐饮场所

滨河佳苑是甘洛县最具彝族特色的娱乐场所,调查这个场所,主要基于以下几点考虑:1. 滨河佳苑是甘洛县最大的一个集餐饮、娱乐(棋牌、民族歌舞)为一体的场所;2. 县里招待外地来的宾客,会在这里按彝族习惯宰牛、宰羊、杀猪并安排彝族歌舞、篝火晚会等,让客人充分领略彝族地区的风情;3.三十多名工作人员全为彝族,主要来自圣乍土语区域。讲田坝土语的服务员与讲圣乍土语的人进行交流时,大多用圣乍土语。他们的普通话不好,只能进行简单的交流,来这里的顾客多数是彝族,服务员与客人之间多用彝语。调查发现,人们现在进行交流时,为了方便、快捷,有时可能一句话前面用的是彝语,而后面却用汉语表达。彝语和汉语的交替使用,是一种互补关系,在某一场合,以一种语言为主,另一种语言为辅。

三、彝文的掌握情况

调查组于2006年7月和2007年1月先后两次对甘洛进行了实地调查,由于都是学生放假期间,我们采取把学生召集到学校进行问卷调查的方法。主要调查了甘洛县中学、甘洛县民族中学、玉田中学和田坝中学。其中对后两所中学的学生进行了彝文文字掌握情况调查。

1. 玉田中学

玉田中学离区公所玉田镇有1公里左右,离县城不足10公里,高中部撤销后只剩下初中部。经调查,学生的母语、汉语都好,22名被试者中,16人认识彝文。玉田中学开设有彝文课(玉田片区的大部分学校都未开设彝文课),每周两节,经过一至两年的学习后,学生们大多能掌握819个字中的500—600个常用字,可以读报看书。

2. 胜利乡完小

田坝片区胜利乡小学设在村里,我们调查时正值假期,学校里空无一人,在土司府旧址,即现在的胜利乡完小大门口前,有不少小学生在嬉戏玩耍,调查员对他们进行了语言使用和彝文掌握情况调查。这些学生之间交流都用彝语,我们用普通话提问,他们也马上改用普通话回答。他们能听懂标准音点的彝语,我们用圣乍土语向他们提问,他们能马上用田坝土语回答。这些学生中有些是兄弟姊妹,我们只做了17份调查问卷,其中有10个同学认识彝文,但不够熟练。据了解,他们的彝文大多是在学校习得的。有一个同学说他父亲彝文水平很高,家里有很多彝文古籍,但父亲从没教过他。

第三节 甘洛彝族的语言态度

由于社会认同、感情因素的影响,人们会对一种语言的社会价值形成一定的认识,从而做出一定的评价,这种认识和评价就是人们对这种语言的态度。由于语言态度是在历史中逐渐形成的,因而具有相对稳定性;又由于语言态度是在一定社会环境和语言环境下的产物,因而随着社会的发展和语言功能的变化,语言态度又具有可变性;另外由于语言态度反映的是语言使用者的主观愿望,因此它并不总是与客观现实相适应,二者有时会产生矛盾。语言态度属于语言的心理范畴,它深刻地影响着人们对一种语言的认识。在双语或多语环境中,语言态度对人们的语言使用起着重要作用。

一、甘洛县彝族的语言态度

甘洛县彝族整体上持开放的语言态度,主要表现在三个方面:

1. 对母语有着深厚的感情

主要表现在以下几个方面:

(1) 使用彝语的彝族人对自己的母语有着强烈的热爱之情。甘洛彝语分为三种土语:田坝土语、圣乍土语和义诺土语。田坝、玉田和苏雄为田坝土语片区;斯觉为圣乍土语片区;普昌和吉米为义诺土语片区。三个土语片区的彝族互相交流无障碍,只是一部分词汇、语音有所不同。操一种土语的人不仅对自己的土语很热爱,而且对其他两种土语的人也持尊重态度。彝族人普遍认为,不论是田坝土语还是圣乍土语、义诺土语,都是彝族的本族语言,是保留本族传统文化的工具,同时也是民族内部不同土语片区的认同标志。

(2) 在彝族聚居区和彝语保留得较完整的地区,彝族人对母语的浓厚感情表现得更为明显。吉米片区的波波乡和阿嘎乡,斯觉片区的拉莫乡和尼尔觉乡,是甘洛县彝族最为集中的地区,也是彝语保留得最为完整的地区;与田坝片区和其他已经双语化的彝族地区相比,这些地方的彝族人对本族语言表现出更为浓厚的感情。在非族际通婚的彝族家庭中,他们不仅坚持用母语交谈,而且后代习得的第一语言也多是本族语。

与此相应,保留本族语的彝族人比丢失本族语或只能听懂本族语而不会说的彝族人,具有更强烈的语言感情。在我们的随机调查中,绝大多数懂彝语的彝族人都认为,见了本族人不说本族语觉得很别扭,使用本族语有一种亲切感;而在丢失本族语或本族语不流利的彝族人中,虽有不少人表现出一种遗憾的感觉,但对本族语的感情不如懂彝语的彝族人那样明显或强烈。这里我们用新市坝镇(汉语熟练程度高于彝语区)和吉米片区(彝语熟练程度高于汉语区)的调查数据做一分析:

表 2 - 1

地区	态度 人数	对不愿说母语现象的态度					总数
		可理解	无所谓	不习惯	别扭	反感	
新市坝镇	人数	36	4	11	7	18	76
	百分比	47.4%	5.3%	14.5%	9.2%	23.6%	100%
吉米片区	人数	14	4	6	1	18	43
	百分比	32.6%	9.3%	14%	2.3%	41.8%	100%
合计	人数	50	8	17	8	36	119
	百分比	42%	6.7%	14.3%	6.7%	30.3%	100%

表 2 - 1 显示,吉米片区彝族对不愿说母语的现象持不反对态度的共 18 人,占总数的 41.9%;持否定态度的 25 人,占 58.1%。而新市坝镇的彝族持不反对态度的 40 人,占

52.7%;持否定态度的36人,占47.3%。这说明,彝族聚居区和彝语保留得较完整的地区,对待本族语和母语的感情表现得更为强烈。

(3) 在对待母语的感情上,老年人比年轻人更为明显和强烈。这突出地体现在老年人常常对部分年轻人忘记本族语或虽通本族语但不常用本族语交际的做法,表现出不满的态度上。一些年轻人出外上学、当兵或工作,几年后忘记了本族语,或本族语说得不流利,对此,老年人很看不惯,认为这些孩子变了,忘记了祖宗留下来的语言,与本民族拉开了距离。如表2-2:

表2-2

年龄段	人数\态度	对不愿说母语现象的态度					总数
		可理解	无所谓	不习惯	别扭	反感	
1—18岁	人数	44	10	19	8	31	112
	百分比	39.3%	8.9%	17%	7.1%	27.7%	100%
19—50岁	人数	89	18	42	23	84	256
	百分比	34.8%	7%	16.4%	9%	32.8%	100%
51—80岁	人数	15	3	5	1	26	50
	百分比	30%	6%	10%	8%	52%	100%
合计	人数	148	31	66	32	141	418
	百分比	35.4%	7.4%	15.8%	7.7%	33.7%	100%

对不愿说母语的现象,持否定态度的彝族人,年龄段在1—18岁的占51.8%;19—50岁的占58.2%;而51—80岁的有70%。可见,对母语的感情随着年龄的不同而不同,年龄越大表现得越强烈。

2. 对兼用汉语及学习外语持肯定态度

形成这种社会认同语言态度主要是因为汉语发挥着重要的社会交际功能,如学校教育、工作求职、经商、参军、与其他民族以及不懂本族语的彝族交往等都离不开汉语。

对兼用汉语持肯定态度很重要的一个方面,表现在使用本族语兼通汉语的双语人或多语人的语码转换特点上。彝族人大部分都通汉语,在社交场合或家庭内部,如果有其他民族的成员或不懂彝语的彝族人在场,懂彝语的人之间一般都转用汉语交际,除非谈论的话题不想让外人知道,否则会被认为不礼貌。甘洛县各级机关公务员都是由不同民族的成员组成,即使以彝族为主的少数民族聚居的区、乡级政府,成员的构成也是如此。在不同场合下,彝族的语言使用情况有所不同,汉语已经逐渐成为甘洛县的主要交际用语,这也明确表明了彝族人对汉语的肯定态度。同时,在条件许可的情况下,不同民族的人都乐意把子女送到用汉语文授课的学校,并且尽量为子女创造学习汉语文的条件,这些都是对兼用汉语文持肯定态度的鲜明反映。在调查中,我们有两个问项涉及兼用汉语的态度。统计分析如下:

您认为学习和掌握汉语有用吗?

表 2-3

民族 \ 有用度 \ 人数		汉语有用度			总数
		很有用	比较有用	没有用	
彝族	人数	382	26	10	418
	百分比	91.4%	6.2%	2.4%	100%

您是否希望本民族的全体成员都成为"彝语—汉语"双语人?

表 2-4

民族 \ 双语态度 \ 人数		"彝语—汉语"双语人				总数
		迫切需要	顺其自然	无所谓	不希望	
彝族	人数	339	65	9	5	418
	百分比	81%	15.6%	2.2%	1.2%	100%

从以上统计可以看出,认为学习和掌握汉语很有用的占被试总数的 91.4%;迫切希望本民族全体成员都成为"彝语—汉语"双语人的占被试总数的 81%。加上选择"顺其自然"的 65 人,即希望或不反对本民族全体成员成为"彝语—汉语"双语人的共 404 人,占被试总数的 96.7%。

为了进一步验证被试对学习汉语文以及外语(即英语)的认同态度和行为倾向,我们在问卷中还采用了这样一道题:

如果在您家附近有两所小学,一所用本族语和汉语授课(A),一所用汉语和英语授课(B),您会把子女送到哪所学校?

表 2-5

民族 \ 学校选择 \ 人数		学校授课方式			总数
		彝汉授课	汉英授课	彝汉英授课	
彝族	人数	184	221	13	418
	百分比	44%	52.9%	3.1%	100%

英语是国际通用语言,调查中,很多人认为用英语授课对子女今后的工作、前途有好处,也就是说,他们在肯定汉语使用的同时,对英语学习也持认同态度。文化程度越高的人,这种态度就越明显。在 418 份有效问卷中,选择 A 的 184 人,占被试总数的 44%;选择 B 的有 221 人,占 52.9%;另外有 13 人明确表明希望把子女送到彝汉英同时授课的学校(问卷的选项中没有这一选项)。

3. 对学习和使用汉文、彝文持肯定态度

对兼用汉语持肯定态度本身就说明彝族对汉文的学习和使用持肯定态度。彝族人把掌握汉文的人看作"文化人",一般彝族子女都乐于接受汉语文教育,目前教育普及率和升学率也在不断提高。与此同时,彝族人对彝文的使用也持肯定态度。他们认为,彝文是民族特征的象征,是保留本族传统文化的重要工具。甘洛县是彝族聚居区,掌握彝文字的人数相对比较多,彝文字的使用也比较普遍。在这里彝族人对本民族文字不仅在感情倾向上持肯定态度,而且在行为倾向上也持积极态度。在甘洛县,彝文不仅在自治机关执行公务中得到了必要的使用,而且在社会用字上也得到了广泛使用。自治州人大会议和人大常委会通过的各项地方法规,凡是和彝族农村关系比较密切的,均使用彝、汉两种文字颁布;面向社会,特别是面向彝族农村的党政文件,自治州和州内各彝族聚居县的国家机关公布的重要文告以及一些政策法规宣传学习材料,基本做到了同时使用彝、汉两种文字;自治州人代会和政协会的主要文件,如政府工作报告、人大常委会工作报告、法院工作报告、检察院工作报告、财政预决算报告、经济和社会发展计划执行情况报告以及政协工作报告、政协提案工作报告等,都使用彝、汉两种文本制发。此外,州、县(市)、乡人民政府及各级职能部门,州、县(市)国有大中型企业,商店,中央、省属企事业单位,驻州部队等,他们的对外牌匾、印章、文件版头、公文笺及大中型公私车辆的门徽标志,绝大多数已经按规定增用了彝文,即采用彝、汉文对照的格式。我们在第二次问卷调查中,添加了这样的问题:

如果标语、牌匾使用彝文,您的态度是:

表 2-6

民族	人数	态度	标语牌匾使用彝文的态度				总数
			赞成	很难说	无所谓	不赞成	
彝族		人数	78	9	12	2	101
		百分比	77.2%	8.9%	11.9%	2%	100%

表 2-6 显示,77.2%的被试者都赞成使用彝文,可见甘洛县绝大多数彝族人对使用彝文都持肯定的态度。

二、影响甘洛县彝族语言态度的几个因素

彝族较为开放又注重保护母语的语言态度的形成主要有以下几点原因:

其一,甘洛县自古就是川滇通道中极为重要的关口路段,各种不同的民族在这里融合,各种不同的文化在这里交流,其中汉语及汉族文化占据着重要地位。面对新的民族关系和语言环境,彝族先民要想生存立足,就必须首先学会周边民族的语言(尤其是汉语),必须对其他民族的文化采取一种兼容并蓄的开放态度。

其二,自古以来,彝族主要从事畜牧业生产,经济生活方式的单一化,促使彝族与周边民族,尤其是汉族,进行各种经济上的往来,比如用畜产品换取粮食及其他日用品,这促使彝族必须下功夫学习并掌握汉语。

其三,甘洛县本身就是一个由不同的民族融合而成的多民族地区,由于政治、经济、宗教、地域等方面的原因,复杂的民族关系使得他们对学习和掌握其他民族语言有着充分的心理准备。另外,彝族内部不同片区分别使用着不同的土语。由于普通百姓之间需要交际交往,宗教

活动上需要交流,不同片区之间相互通婚,因此只通本片区的土语肯定是不够的,这就促使彝族尽量掌握其他片区的土语。

其四,彝族有自己的文字,加之信奉毕摩,因而在学校教育和日常生活中使用汉文,在宗教领域内学习和使用彝文。久而久之,形成了对使用汉文、彝文持肯定态度的心理。与此同时,为了加强民族凝聚力,保留本族文化,彝族自然而然地非常重视本族语的保存,在家庭内部以及本族人之间尽可能地使用本族语言交际。

彝族的语言态度既然是历史上形成的,那么它就具有相对稳定性,不会轻易改变。当然,随着社会的发展、语言环境和语言功能的变化,彝族的语言态度也会随之产生不自觉的、缓慢的变化。

第四节 甘洛彝语稳定使用的条件和因素

彝语作为甘洛彝族最重要的交际工具,将长期稳定地使用。本节主要分析甘洛彝语稳定使用的条件和因素。

一、彝族高度聚居和杂居地的相对聚居是彝语稳定使用的客观条件

甘洛县居住着彝、汉、藏等民族,但大多数片区,彝族人口的比例都很高。从各片区(镇)的人口比例来看,7个片区(镇),只有新市坝镇和田坝镇的汉族人口比例超过彝族,其他6个片区(镇)的人口比例都是彝族超过汉族,苏雄、普昌、斯觉和吉米这四个彝族人口聚居片区,彝族人口比例都在90%以上。在彝、汉、藏杂居的区乡,各民族也是相对聚居。如新市坝镇尔觉村,是一个二百多户人的彝、汉杂居村子,尼日河由南向北流经尔觉村,其桥东几乎都为汉族村民,而桥西几乎都为彝族村民。改革开放前桥东只有一户彝族村民(从普昌搬迁来的),而桥西只有两户汉族村民和一个入赘的汉族。桥西这两户汉族村民(一户姓周、一户姓倪)的彝语都非常好,他们除了在家里讲汉语以外,平时同彝族人都讲彝语。其中姓倪这家还娶了彝族妻子,有一儿一女,他们在家里都是用彝语来交流,只有亲戚朋友来了才讲汉语,他们家两个孩子的汉语还没有彝语讲得好。

甘洛因出产铅锌矿,改革开放后,外来务工人员逐年增多,周边的雅安、乐山、眉山、峨眉及凉山其他县市的人到甘洛来打工的不少,最多时达到四五千人,绝大部分都是到矿山上去做工的。尔觉村离甘洛县火车站不足300米,矿山上的铅锌矿大部分都要通过火车站运往沈阳、内蒙古等地,所以有些人就住到尔觉村,这样先后有眉山、汉源等地的小伙子入赘到尔觉村,而尔觉村的好几个姑娘也嫁到汉族地区,有的还嫁给外省来甘洛做水电工程的人,如曲木阿依就嫁给来甘洛做水电工程的小赵,后随夫到青海西宁定居。这些外嫁的彝族姑娘,在与家里人联系、通话时都是用彝语,她们回到家乡时也都讲彝语。

尔觉村虽然靠近人员流动很大的火车站,距县城也只有3公里,存在族际婚姻,但这对彝语的使用没有产生什么影响。甘洛其他彝汉杂居地的情况也如此,对整个彝语不会产生大的影响。

彝族人口分布的高度聚集(普昌、吉米、斯觉、苏雄四个片区),和杂居地的相对聚居为彝族提供了母语使用的广阔空间,这也是彝语得以长期完整留存下来的客观条件。

二、国家民族政策及语言文字政策使彝语稳定使用得到有力保障

1. 彝族文字的使用和发展对彝语的稳定使用是非常重要的

《中华人民共和国宪法》第四条规定"各民族都有使用和发展本民族语言文字的自由",从根本上保障了各少数民族都可以根据自己的条件和意愿使用和发展本民族的语言文字。彝语文的情况即是如此。彝族是我国拥有本民族原创文字的民族(即由本民族创制并使用到今天),彝文的历史非常悠久,有很多用彝文记载的彝族史诗和古籍文献。20世纪50年代,在当时的中央民族学院、西南民族学院都开设过彝语文班,尤其是西南民族学院学彝文的学生一届就达上百人(20世纪60年代后期因"文化大革命"而中断,1977年西南民族学院恢复彝文本科班的招生,中央民族学院于1980—1981年先后招了两个彝文进修班,1982年恢复彝文大专班的招生,1983年正式招收彝文本科班)。1975年,经四川省委、省政府同意,凉山州人民政府、四川省民族事务委员会、四川省语言文字工作委员会等部门,组织有关专家对原有的一万个左右的彝文进行规范和整理,共同制定了《彝文规范试行方案》。这套规范彝文按照彝语的音节规律,从原有彝文中挑选出819个代表彝语音节的字,再加上符号"ˆ"代表次高调,便可以表示彝语北部方言(四川省的所有彝语、云南省小凉山地区彝语都包括在彝语北部方言里)的全部音节。这套方案报经四川省人民政府批准,在四川彝族地区试行推广,得到彝族人民的一致拥护和认可,并于1980年报经国务院正式批准试行。

彝族中小学生学习彝语文分两种情况:一种为一类体制,另一种为二类体制。一类体制的学校,是从小学开始即以学习彝语文为主。凉山州教委的教材编译室,已在20世纪90年代初就将中小学阶段的教材全都编译成了彝语文教材,完全用彝语授课,四川省教委每年也要组织有关专家对彝语文、藏语文教材进行一次审定,以保证教材的质量和合理性。进入一类体制学校学习的学生,大部分都是来自彝族聚居区的学生。他们参加高考也是民考民(即用彝语文试卷来答题),西南民族大学、西昌学院已于1996年开始招收民考民彝族学生。西南民族大学彝学院已将彝语专业拓展到了四个方向:彝汉双语、彝汉翻译、彝日双语、彝英双语;西昌学院在彝族语言文化下拓展出了六个方向:彝英教育、行政管理、彝汉数学、彝汉化学、彝汉物理、彝汉生物。凉山州的大部分县都为二类体制的学习形式,即在小学、中学阶段的学习主要都以汉语为主,彝语为辅,这类学校大部分每周只开设2—4节彝语文,学校到了高中阶段,学生面临高考的压力,有些学校就不开彝文课了。

国家的支持和地方政府的扶持使彝族新创文字得到应有的重视,加上学校教育的重视,这

些都为彝语的稳定使用打下良好的基础。

2. 彝族文化的保护和发展对稳定使用彝语也是很重要的。

凉山彝族自治州很重视民族文化的保护和发展。近几年凉山州委州政府明确提出要将民族文化转化为民族资本,精心打造民族文化这块品牌。(1)对西昌市的街面建筑"穿衣戴帽",临街的房屋按彝族房屋特点、图案进行装饰,西昌市的所有标牌都用彝文、汉文标示,使游客一到西昌从建筑上就能看到这座城市具有彝族文化特点,看到用彝文、汉文的标牌,知道这是以彝族为主体的自治州的首府。(2)弘扬、宣传民族文化。凉山州委州政府为了做好做强民族文化这个品牌,申请承办了四川省第二届冬旅会,并对西昌市的建筑、旅游景点,包括灵山寺(冕宁县)、卫星发射基地、温泉(普格县)、泸沽湖(盐源县)等进行修建和改造。(3)紧紧围绕民族文化这块品牌,大力宣传和展示民族文化,州里花巨资精心编排了一台大型歌舞剧——彝族火图腾。通过这台剧,观众能从中了解到彝民族与火的关系,以及彝民族从古到今艰辛的生存和发展历程。这些措施既保护、宣传、展示了民族的文化,又使本地区的民族经济、文化得到了协调、科学的发展,也为彝语的稳定使用和发展提供了更大的空间。

第三章　甘洛彝族"彝—汉"双语制的建立及其成因

　　四川省凉山彝族地区1956年才实现民主改革,之前除土司管辖的田坝和彝、汉、藏杂居的海棠外,下土司管辖的苏雄、玉田独立白彝倮倮和黑彝统治区域(普昌、吉米、斯觉)都是纯彝族地区,没有汉族居民,可以说新中国成立之前没有接触过汉语,几乎都不懂汉语。1949年以后,尤其是1956年实现民主改革后,大批汉族干部到这些地方开展民族工作,大部分彝族老百姓才开始接触到汉语。经过数十年时间,现在部分区域已形成了"彝—汉"双语制。

第一节　甘洛彝族"彝—汉"双语制的建立及现状

一、双语制即双重语言制度,也叫双语现象

　　双语指的是个人或语言社团经常地、同样熟练地使用两种或两种以上的语言(或方言),这是随着民族接触、语言接触产生的。我国民族语言学家马学良和戴庆厦教授认为应从下列四个方面去理解双语:

　　1. 这种现象大多出现在多民族的国家里。在世界上,大多数国家是多民族的,使用多种不同的民族语言。在多种语言中,有些语言的使用范围可能要大些,有的可能要小些。不同民族之间为了交际的需要,许多民族(特别是人口较少的民族)除了掌握本民族语言外,还需要掌握另一种使用范围较大的语言,否则就无法同其他民族交流和联系,也不能使自身得到顺利发展。由此看来双语现象是适应多民族国家的需要而产生的,是为了解决不同民族之间的交流和联系而形成的,它的存在有利于民族的发展、社会的进步。

　　2. 由于不同民族、不同地区所处的社会条件以及社会发展情况不同,双语现象的发展也不平衡。有的地区双语现象已遍及到全民族或一个民族的大部分;有的地方只存在于一部分人中。所以,双语既指个人的双语,又指集体的双语,集体又有大小的不同。

　　3. 双语是就语言的使用结果表现出的共同现象而言的,即指使用语言的状况。其形成原因可能多种多样,如地理环境、社会变化、迁徙移民等,甚至包括殖民统治、民族压迫等政治因素,但造成双语现象的主要原因则是民族接触和民族交流。双语的含义包括由于各种因素造成的语言使用状况,因而不能认为它包含有同化的意味。

　　4. 所谓"操双语者",是指已具有两种或两种以上语言的能力的人。这种能力的形成,是

由社会环境和社会需要决定的。

以上对双语的理解属于语言学的说明,即"双语是个人或语言社团使用两种语言的现象"。

二、甘洛彝族的双语制是在过去单语制的基础上产生的

甘洛县的彝族在历史上都是单语制。新中国建立之前,凉山彝族还保留着较为完整的奴隶社会制,其生产力十分落后。甘洛县境内全为山地,很难找出一块有2—3个足球场大的平地,四周都是崇山峻岭,交通极为不便。甘洛县在民主改革前,田坝和苏雄(海棠在1956年前隶属越西县)为土司管理范围,土司下面是白彝,白彝是土司的臣民,他们具有较大的人身自由,与黑彝统治的白彝有较大的区别。玉田的彝族就是史书上称之为独立白彝倮倮的尔吉和沙呷两大家支的地盘。而在彝族聚居区的吉米、斯觉、普昌则实行黑彝家支统治制度,黑彝家支制度没有一个统一的政权,都是根据自己家支所占据地盘自我管理。彝族谚语里说:鸡蛋一般大,黑彝脑袋一般大。张家的黑彝不能去管王家的黑彝,黑彝之间是一种横向的关系,而不是一种纵向的关系。有的黑彝家支人口多势力大,有的黑彝家支人口少势力小,但是人口多势力大的黑彝家支不能无故去欺负人口少势力小的黑彝家支(黑彝之间大都有姻亲关系),否则其他的黑彝家支就会联合起来共同对付他。不同地区彝族之间来往也少,非彝族的人必须要找保人才能涉足彝乡,否则就会被抓来当奴隶。由于这种特殊的社会制度、地理环境,加之当时统治阶级的民族隔阂政策,彝族基本上是处于一种与世隔绝的状态。因此,那时彝族完全使用彝语进行交流,是纯单语制。

到了近代,田坝的彝族(当时只有田坝、海棠有汉族),与汉族交流不断增多,有些人开始兼用汉语。新中国成立后,彝族地区过去那种单一、闭塞的语言生活自然要被打破。民主改革后,彝族人民实现了一步跨千年的社会制度的飞跃,从奴隶社会直接跨入到社会主义社会,进入到国家统一的政治、经济、文化生活中来,大批的汉族干部、人民教师等来到甘洛,与彝族人民一起建设社会主义新生活,如1957年开始的全民教育,1958年用彝文、汉文进行的扫盲运动等,这些都为实现双语制的推进起到了积极的作用。随着改革开放的不断深入,彝族人民的生活也发生了很大的变化,逐渐由封闭性向开放性过渡,其语言生活也迅速地由单语制向双语制发展,即由只使用彝语,发展为彝语和汉语并用。

三、甘洛彝族双语能力提高的三个阶段

彝族人双语能力的提高经历了三个阶段:

第一,1956年实行民主改革后,彝族民众可以不受时间、地域的限制,完全可以自由走动,与汉族人进行各方面的接触,这样或多或少也学到些汉语。

第二,20世纪60年代开始修建成昆铁路,成千上万的铁路大军在甘洛县境内南北近80公里内奋战了6年时间,彝族人与汉族人接触的机会大大增多,尤其是苏雄、玉田的彝族(这两个区境内就有四个车站),第一次较全面接触这么多汉族同胞,也是第一次较全面接触汉语。

上万筑路大军与甘洛县各族人民结下了深厚的友谊,彝族人民与他们进行了生产、生活等各方面较广泛的接触(还有好几个彝族姑娘嫁给了筑路工人),双语能力有了较大的提高。

第三,20世纪70年代末实行的改革开放政策,彻底解放了人们的思想,改变了彝族民众的观念(过去彝族人以经商为耻),人们可以把当地特产运到峨眉、眉山甚至成都等地去卖,这样与汉族人接触的面就更大了,双语能力自然也就有了很大的提高。

四、甘洛彝族双语发展的不平衡性

改革开放30多年来,彝族地区各方面都发生了很大变化,甘洛彝族整体的汉语水平也有了很大的提高,语言已基本上实现了从单语向双语的过渡。除以彝语为主要交际工具外,也较广泛地使用汉语。彝族民众用汉语与外族人进行交谈、做买卖,收听汉语广播、看电影电视等,人们用汉语就像用彝语一样,可以说汉语已是人们生活、学习、工作不可缺少的重要工具。

不过,通过我们课题组2006年7月和2007年1月两次对甘洛县各区乡的语言使用情况的调查,发现不同区域彝族的双语能力的地域性差异很大。属于田坝土语区域的田坝、玉田、苏雄,接触汉族、汉文化较多,具有一定的汉语基础。而属于义诺土语区域的普昌、吉米及属于圣乍土语区域的斯觉在1956年民主改革前可以说是没有接触过汉语,汉语水平要相对低一些。所以,彝族双语特点是:至今仍未形成全民双语制,双语只是遍及到部分或大部分人,也就是双语的不平衡性。主要表现在两个方面:一是多数人已掌握了双语,在商店、医院、公共场合能做到语言交替使用。二是还有相当一部分人还是只会讲母语——彝语,这部分人主要是聚居区的彝族。

五、甘洛彝族彝语能力和汉语能力调查分析

以下从不同性别、不同年龄、不同文化程度、不同区域几个方面,对调查对象的彝语能力和汉语能力进行分析。

1. "彝—汉"双语能力的性别差异

(1) 不同性别的彝族人彝语水平调查

表 3-1

性别	程度 百分比	彝语 熟练	彝语 一般	彝语 不会	总体
男	人数	236	39	1	276
男	男性百分比	85.5%	14.1%	0.4%	100%
男	总体百分比	56.5%	9.3%	0.2%	66%
女	人数	100	40	2	142
女	女性百分比	70.4%	28.2%	1.4%	100%
女	总体百分比	23.9%	9.6%	0.5%	34%

（续表）

合计	人数	336	79	3	418
	总体百分比	80.4%	18.9%	0.7%	100%

本次共调查彝族 418 人,其中男性 276 人,占总人数的 66%,女性 142 人,占总人数的 34%。能够熟练使用彝语的男性 236 人,占男性总人数的 85.5%,占总人数的 56.5%;熟练使用彝语的女性 100 人,占女性总人数的 70.4%,占总人数的 23.9%。调查中发现,在回答彝语熟练程度这一问题时,女性对自己彝语能力的评估比男性稍显保守,因此女性实际彝语熟练比例应该比调查数据略高一些。

彝族调查对象中彝语水平一般者 79 人,占总人数的 18.9%;男性彝语水平一般者 39 人,占男性总人数的 14.1%,占总人数的 9.3%;女性彝语水平一般者 40 人,占女性总人数的 28.2%,占总人数的 9.6%。

彝族调查对象中,完全不会彝语的 3 人,占总人数的 0.7%;男性中完全不会彝语的 1 人,占男性总人数的 0.4%,占总人数的 0.2%;女性中完全不会彝语者 2 人,占女性总人数的 1.4%,占总人数的 0.5%。

（2）不同性别的彝族人汉语水平调查

表 3-2

性别	程度 百分比	汉语 熟练	一般	不会	总体
男	人数	191	69	16	276
	男性百分比	69.2%	25%	5.8%	100%
	总体百分比	45.7%	16.5%	3.8%	66%
女	人数	94	36	12	142
	女性百分比	66.2%	25.4%	8.5%	100%
	总体百分比	22.5%	8.6%	2.9%	34%
合计	人数	285	105	28	418
	总体百分比	68.2%	25.1%	6.7%	100%

表 3-2 显示,本次调查的 418 名彝族中,熟练使用汉语的 285 人,占总人数的 68.2%;彝族调查对象中男性 276 人,占总人数的 66%,其中能够熟练使用汉语的 191 人,占男性总人数的 69.2%,占总人数的 45.7%;女性 142 人,占总人数的 34%,熟练使用汉语的 94 人,占女性总人数的 66.2%,占总人数的 22.5%。一半以上的彝族能够熟练使用汉语,表明现阶段汉语已经在甘洛县的交际语言中占有很重要的地位,其中男性熟练使用汉语的比例要比女性高。

彝族调查对象中,汉语水平一般者 105 人,占总人数的 25.1%;男性汉语水平一般者 69 人,占男性总人数的 25%,占总人数的 16.5%;女性汉语水平一般者 36 人,占女性总人数的 25.4%,占总人数的 8.6%。

彝族调查对象中,完全不会汉语者 28 人,占总人数的 6.7%;男性中完全不会汉语者 16

人,占男性总人数的5.8%,占总人数的3.8%;女性中完全不会汉语者12人,占女性总人数的8.5%,占总人数的2.9%。

总的来看,甘洛县彝族调查对象中,性别不同,彝语能力没有明显差别,汉语能力略有不同。下面我们对表3-1、表3-2的统计数据做进一步分析。

第一,表3-1、表3-2中属"熟练"和"一般"级的,均能听懂也会说所调查语言,调查对象都有使用彝语或汉语的交际能力。把"熟练"和"一般"两级的人相加所得到的和,就是会说所调查语言的人数。会说彝语的人数是415人,占总人数的99.1%;会说汉语的人数是393人,占总人数的93.1%。两者的比例都在百分之九十以上,说明甘洛县的彝族在日常生活中说的最多的是彝语,使用最频繁的也是彝语,与此同时使用汉语的情况也已经很普遍。

第二,从性别的角度出发,会说彝语的男性275人,占男性总人数的99.6%;女性140人,占女性总人数的98.6%。鉴于完全不会彝语的3人的特殊原因,总体表明,性别对彝语水平没有明显影响。

会说汉语的男性260人,占男性总人数的94.2%;女性130人,占女性总人数的91.5%;男性中完全不会汉语者17人,占男性总人数的6.1%;女性12人,占女性总人数的8.3%。表明男性的汉语能力比女性略高。

根据实地调查时与彝族调查对象近距离接触的所见所感,笔者认为彝族男性汉语能力高于女性可能是因为:彝族男性是家庭经济来源的主要支柱,男性参加工作的人数多于女性,所以社会交际面较广,接触汉语和汉文化的机会要比女性更多;此外,他们本身也有很强的意识去参加社会活动,学习汉语及汉族文化。相对而言,彝族女性的交际面较窄,重心主要放在家庭和孩子上。所以男性的汉语能力要比女性强。

2."彝—汉"双语能力的年龄差异

(1)不同年龄段的彝族人彝语水平调查

表3-3

年龄段	程度 百分比	彝语 熟练	一般	不会	总体
1—18岁	人数	62	48	2	112
	第一年龄段百分比	55.4%	42.8%	1.8%	100%
	总体百分比	14.8%	11.5%	0.5%	26.8%
19—50岁	人数	232	27	1	260
	第二年龄段百分比	89.2%	10.4%	0.4%	100%
	总体百分比	55.5%	6.5%	0.2%	62.2%
51—80岁	人数	42	4	0	46
	第三年龄段百分比	91.3%	8.7%	0	100%
	总体百分比	10.1%	0.9%	0	11%
合计	人数	336	79	3	418
	总体百分比	80.4%	18.9%	0.7%	100%

表 3-3 显示,调查对象 418 人中,1—18 岁的 112 人,占总人数的 26.8%;19—50 岁的 260 人,占总人数的 62.2%,51—80 岁的 46 人,占总人数的 11%。彝族调查对象 1—18 岁的 112 人中,能够熟练使用彝语的 62 人,占这一年龄段总人数的 55.4%,占总人数的 14.8%;第二个年龄段中,能够熟练使用彝语的 232 人,占这一年龄段总人数的 89.2%,占总人数的 55.5%;第三个年龄段中,能够熟练使用彝语的 42 人,占这一年龄段总人数的 91.3%,占总人数的 10.1%;三个年龄段中熟练使用彝语的比例分别为 55.4%、89.2%、91.3%,可见年龄越大,能够熟练使用彝语的比例越大。

彝语调查对象中,第一个年龄段水平一般者 48 人,占这个年龄段人数的 42.8%,占总人数的 11.5%;第二个年龄段水平一般者 27 人,占这个年龄段人数的 10.4%,占总人数的 6.5%;第三个年龄段水平一般者 4 人,占这个年龄段人数的 8.7%,占总人数的 0.9%。表中显示,彝语水平一般者的人数比例随年龄的增长,呈现递减趋势。

彝族调查对象中,第一个年龄段完全不会彝语者 2 人,占这个年龄段人数的 1.8%,占总人数的 0.5%;第二个年龄段完全不会彝语者 1 人,占这个年龄段人数的 0.4%,占总人数的 0.2%;第三个年龄段完全不会彝语者 0 人。完全不会彝语者所占的比例随年龄的增长呈递减趋势。

(2) 不同年龄段的彝族人汉语水平调查

表 3-4

年龄段	程度 百分比	汉语 熟练	汉语 一般	汉语 不会	总体
1—18 岁	人数	96	13	3	112
	第一年龄段百分比	85.7%	11.6%	2.7%	100%
	总体百分比	23%	3.1%	0.7%	26.8%
19—50 岁	人数	173	72	15	260
	第二年龄段百分比	66.5%	27.7%	5.8%	100%
	总体百分比	41.4%	17.2%	3.6%	62.2%
51—80 岁	人数	16	20	10	46
	第三年龄段百分比	34.8%	43.5%	21.7%	100%
	总体百分比	3.8%	4.8%	2.4%	11%
合计	人数	285	105	28	418
	总体百分比	68.2%	25.1%	6.7%	100%

表 3-4 显示,彝族调查对象 1—18 岁的 112 人中,能够熟练使用汉语的 96 人,占这一年龄段总人数的 85.7%,占总人数的 23%;第二个年龄段中,能够熟练使用汉语的 173 人,占这一年龄段总人数的 66.5%,占总人数的 41.4%;第三个年龄段中,能够熟练使用汉语的 16 人,占这一年龄段总人数的 34.8%,占总人数的 3.8%。从三个年龄段中熟练使用汉语的比例分别为 85.7%、66.5%、34.8%可见,年龄越大,能够熟练使用汉语的人数比例越小。

彝语调查对象中,第一个年龄段汉语水平一般者 13 人,占这个年龄段人数的 11.6%,占总人数的3.1%;第二个年龄段水平一般者72人,占这个年龄段人数的27.7%,占总人数的17.2%;第三个年龄段水平一般者20人,占这个年龄段人数的43.5%,占总人数的4.8%。综合表3-3和表3-4,可以看出,随着年龄段的增长,彝语水平一般者的人数比例,呈递减趋势,而汉语水平一般者的人数比例呈现递增趋势,说明双语现象随着年龄的减小越来越普遍。

被调查的彝族中,第一个年龄段完全不会汉语者3人,占这个年龄段人数的2.7%,占总人数的0.7%;第二个年龄段完全不会汉语者15人,占这个年龄段人数的5.8%,占总人数的3.6%;第三个年龄段完全不会汉语者10人,占这个年龄段人数的21.7%,占总人数的2.4%。可见,完全不会汉语者所占的比例随年龄的增长而增加。

总的来看,甘洛县彝族中,年龄不同,"彝—汉"双语使用情况也不尽相同。下面对表3-3、表3-4的统计数据进一步分析。

表3-3、表3-4显示,调查对象中1—18岁的彝族人,112个人中110人会说彝语,占这一年龄段人数的97.2%;109人会说汉语,占这一年龄段人数的97.3%。表明这个年龄阶段的彝族人彝语熟练者汉语也熟练。其中2个人不会说彝语,占这一年龄段人数1.8%;3人不会说汉语,占这一年龄段总人数的2.7%。这个年龄段的孩子除少数辍学或者打工外,大多数都在中学念书。从统计后的数据来看,这一年龄段的人与其他两个年龄段相比,彝语能力出现了下降态势。究其原因,笔者认为,有以下几个方面:第一是社会原因。一方面由于客观事物的消失或不常见,反映这类事物的词随之也逐渐退出了人们的口语,比如:"土司[ndʐɿ³³mo³¹]"在日常口语中几乎不用了;另一方面,与汉语的影响有密切关系。由于汉语水平的提高以及与汉族交往的加强,有许多事物人们已经习惯用汉语借词来表达,使得固有的彝语词语逐渐被搁置起来了,或者二者并用,比如"楼房[ʑi³³mo³³]"受汉语影响,在交际中已习惯用汉语借音"[lou faŋ]"。第二是家庭原因。彝语的传承主要靠家庭的语言使用,因而父母的彝语程度、父母的职业、父母在孩子教育上的语言态度如何,直接影响着孩子的彝语程度。第三是当地的教育教学模式。当地学校对彝语的重视程度,在很大程度上影响着当地青少年的彝语程度。第四是个人原因。由于个人原因,离开使用彝语的乡镇,到外地去上学、打工,或者在甘洛县城生活、工作,时间长了,彝语能力随之有所下降。

19—50岁的260个彝族人中,259人会说彝语,占这一年龄段人数的99.6%;245人会说汉语,占这一年龄段人数的94.2%。这个年龄段中1个人不会说彝语,占这一年龄段人数的0.4%;15人不会说汉语,占这一年龄段人数的5.8%。这个年龄段会说彝语者人数比上个年龄段多,会说汉语的人数比重下降。

51—80岁的46个彝族人中,没有人不会说彝语;36人会说汉语,占这个年龄段人数的78.3%,10人不会说汉语,占这一年龄段的21.7%。这个年龄会说彝语的人数比1—18岁年龄段又有所增加,而会说汉语的人数比重下降。

总的来说,调查对象中,彝语熟练人数比例随年龄的递增而递增,而汉语熟练的人数比例随年龄的递增呈递减趋势。调查对象的彝语水平与年龄成正比,汉语水平与年龄成反比。

3. "彝—汉"双语能力的文化程度差异

（1）不同文化程度的彝族人彝语水平调查

表 3－5

文化程度	程度\百分比	彝语 熟练	彝语 一般	彝语 不会	总体
未读过书	人数	63	4	0	67
	组内百分比	94%	6%	0	100%
	总体百分比	15.1%	1%	0	16.1%
小学	人数	126	17	2	145
	组内百分比	86.9%	11.7%	1.4%	100%
	总体百分比	30.1%	4%	0.5%	34.6%
初中	人数	101	26	0	127
	组内百分比	79.5%	21.5%	0	100%
	总体百分比	24.2%	6.2%	0	30.4%
高中	人数	9	15	1	25
	组内百分比	36%	60%	4%	100%
	总体百分比	2.2%	3.6%	0.2%	6%
中专	人数	12	5	0	17
	组内百分比	70.6%	29.4%	0	100%
	总体百分比	2.9%	1.2%	0	4.1%
大专	人数	14	8	0	22
	组内百分比	63.6%	36.4%	0	100%
	总体百分比	3.3%	1.9%	0	5.2%
本科	人数	11	4	0	15
	组内百分比	73.3%	26.7%	0	100%
	总体百分比	2.6%	1%	0	3.6%
合计	人数	336	79	3	418
	总体百分比	80.4%	18.9%	0.7%	100%

表3－5显示,调查对象中67人未读过书,占总人数的16.1%;小学程度145人,占总人数的34.6%;初中程度127人,占总人数的30.4%;高中程度25人,占总人数的6%;中专程度17人,占总人数的4.1%;大专程度22人,占总人数的5.2%;本科程度15人,占总人数的3.6%。未读过书的67人中,彝语熟练的63人,占组内人数(下同)的94%;小学程度的145人中,彝语熟练的126人,占86.9%;初中程度127人中,彝语熟练的101人,占79.5%;高中程度25人中,彝语熟练的9人,占36%;中专程度17人中,彝语熟练的12人,占70.6%;大专程度22人中,彝语熟练的14人,占63.6%;本科程度15人中,彝语熟练的11人,占73.3%。根据数据可知,未读过书的和小学程度的调查对象,彝语熟练人数所占比例较高;调查对象包括现已毕业者和在读学生。高中程度的调查对象中,彝语熟练者所占比例比较低。

（2）不同文化程度的彝族人汉语水平调查

表 3-6

文化程度 \ 程度 百分比		汉语			总体
		熟练	一般	不会	
未读过书	人数	19	32	16	67
	组内百分比	28.3%	47.8%	23.9%	100%
	总体百分比	4.6%	7.7%	3.8%	16.1%
小学	人数	84	50	11	145
	组内百分比	57.9%	34.5%	7.6%	100%
	总体百分比	20%	12%	2.6%	34.6%
初中	人数	107	19	1	127
	组内百分比	84.2%	15%	0.8%	100%
	总体百分比	25.6%	4.6%	0.2%	30.4%
高中	人数	25	0	0	25
	组内百分比	100%	0	0	100%
	总体百分比	6%	0	0	6%
中专	人数	16	1	0	17
	组内百分比	94.1%	5.9%	0	100%
	总体百分比	3.9%	0.2%	0	4.1%
大专	人数	21	1	0	22
	组内百分比	95.5%	4.5%	0	100%
	总体百分比	5%	0.2%	0	5.2%
本科	人数	13	2	0	15
	组内百分比	86.7%	13.3%	0	100%
	总体百分比	3.1%	0.5%	0	3.6%
合计	人数	285	105	28	418
	总体百分比	68.2%	25.1%	6.7%	100%

表3-6显示,调查对象中未读过书的67人中,汉语熟练的19人,占组内人数(下同)的28.3%;小学程度的145人中,汉语熟练的84人,占57.9%;初中程度127人中,汉语熟练的107人,占84.2%;高中程度25人中,汉语熟练的25人,占100%;中专程度17人中,汉语熟练的16人,占94.1%;大专程度22人中,汉语熟练的21人,占95.5%;本科程度15人中,汉语熟练的13人,占86.7%。根据数据可知,调查对象中,随着学历程度的增高,会说汉语的比例越来越大;高中程度的,汉语熟练人数比例最高,笔者认为,这与高中生所处的环境有关系。调查小组去当地高中调查时,在与学生和老师交流时得知,由于升学需要,课程安排比较紧,学生大部分都住校,除放假回家以外,用彝语的机会很少。本科程度的调查对象,回答问题的态度都比较谦虚保守,实际汉语水平要比数据反映的比例高一些。

综合表3-5和表3-6的数据,调查对象的文化程度不同,语言使用情况也稍有不同。文化程度的高低,对甘洛县调查对象的彝语水平没有太大影响,但对其汉语水平却有一定的影响。文化程度越高,调查对象中会说汉语的比例越高。

4. "彝—汉"双语能力的地域差异

甘洛县的七个片区(田坝片区、玉田片区、斯觉片区、海棠片区、普昌片区、吉米片区、苏雄片区)和新市坝镇,除苏雄片区没有发放问卷以外,其他各区域均选点进行了调查。

(1) 不同区域彝族人的彝语水平调查

表 3-7

区域	程度 百分比		彝语 熟练	一般	不会	总体
彝语	甘洛县城	人数	35	39	2	76
		区域内百分比	46.1%	51.3%	2.6%	100%
		总体百分比	8.4%	9.3%	0.5%	18.2%
	田坝片区	人数	87	7	1	95
		区域内百分比	91.6%	7.3%	1.1%	100%
		总体百分比	20.8%	1.7%	0.2%	22.7%
	玉田片区	人数	54	15	0	69
		区域内百分比	78.3%	21.7%	0	100%
		总体百分比	12.9%	3.6%	0	16.5%
	斯觉片区	人数	31	7	0	38
		区域内百分比	81.6%	18.4%	0	100%
		总体百分比	7.4%	1.7%	0	9.1%
	海棠片区	人数	57	0	0	57
		区域内百分比	100%	0	0	100%
		总体百分比	13.6%	0	0	13.6%
	普昌片区	人数	26	10	0	36
		区域内百分比	72.2%	27.8%	0	100%
		总体百分比	6.2%	2.4%	0	8.6%
	吉米片区	人数	43	0	0	43
		区域内百分比	100%	0	0	100%
		总体百分比	10.3%	0	0	10.3%
	新市坝镇	人数	3	1	0	4
		区域内百分比	75%	25%	0	100%
		总体百分比	0.8%	0.2%	0	1%
合计		人数	336	79	3	418
		总体百分比	80.4%	18.9%	0.7%	100%

表 3-7 显示,甘洛县城彝族调查对象 76 人,占总人数的 18.2%;田坝片区 95 人,占总人数的 22.7%;玉田片区 69 人,占总人数的 16.5%;斯觉片区 38 人,占总人数的 9.1%;海棠片区 57 人,占总人数的 13.6%;普昌片区 36 人,占总人数的 8.6%;吉米片区 43 人,占总人数的 10.3%。其中甘洛县城能够熟练使用彝语的 35 人,占县城调查人数的 46.1%;田坝片区能够熟练使用彝语的 87 人,占区调查人数的 91.6%;玉田片区能够熟练使用彝语的 54 人,占区调查人数的 78.3%;斯觉片区能够熟练使用彝语的 31 人,占区调查人数的 81.6%;海棠片区能够熟练使用彝语的 57 人,占区调查人数的 100%;普昌片区能够熟练使用彝语的 26 人,占区

调查人数的72.2%;吉米片区能够熟练使用彝语的43人,占区调查人数的100%;新市坝镇能够熟练使用彝语的有3人,占镇调查人数的75%。图表显示,除了甘洛县城的2人和田坝片区1人不会彝语外,其余415人都会说彝语,占总人数的99.3%。按照彝语熟练人数所占比例,由多到少各区域的顺序为:海棠片区和吉米片区、田坝片区、斯觉片区、玉田片区、新市坝镇、普昌片区和甘洛县城。

(2) 不同区域彝族人的汉语水平调查

表 3-8

区域	程度 百分比		汉语			总体
			熟练	一般	不会	
汉语	甘洛县城	人数	67	8	1	76
		区域内百分比	88.2%	10.5%	1.3%	100%
		总体百分比	16.3%	1.7%	0.2%	18.2%
	田坝片区	人数	72	22	1	95
		区域内百分比	75.8%	23.1%	1.1%	100%
		总体百分比	17.2%	5.3%	0.2%	22.7%
	玉田片区	人数	48	20	1	69
		区域内百分比	69.6%	29%	1.4%	100%
		总体百分比	11.5%	4.8%	0.2%	16.5%
	斯觉片区	人数	17	13	8	38
		区域内百分比	44.7%	34.2%	21.1%	100%
		总体百分比	4.1%	3.1%	1.9%	9.1%
	海棠片区	人数	40	15	2	57
		区域内百分比	70.2%	26.3%	3.5%	100%
		总体百分比	9.5%	3.6%	0.5%	13.6%
	普昌片区	人数	21	11	4	36
		区域内百分比	58.3%	30.6%	11.1%	100%
		总体百分比	5%	2.6%	1%	8.6%
	吉米片区	人数	16	16	11	43
		区域内百分比	37.2%	37.2%	25.6%	100%
		总体百分比	3.8%	3.8%	2.7%	10.3%
	新市坝镇	人数	4	0	0	4
		区域内百分比	100%	0	0	100%
		总体百分比	1%	0	0	1%
	合计	人数	285	105	28	418
		总体百分比	68.2%	25.1%	6.7%	100%

表3-8显示,彝族调查对象中甘洛县城能够熟练使用汉语的67人,占县城调查人数的88.2%;田坝片区能够熟练使用汉语的72人,占区调查人数的75.8%;玉田片区能够熟练使用汉语的48人,占区调查人数的69.6%;斯觉片区能够熟练使用汉语的17人,占区调查人数的44.7%;海棠片区能够熟练使用汉语的40人,占区调查人数的70.2%;普昌片区能够熟练使用汉语的21人,占区调查人数的58.3%;吉米片区能够熟练使用汉语的16人,占区调查人

数的 37.2%;新市坝镇能够熟练使用汉语的 4 人,占镇调查人数的 100%。

这八个彝族调查点的语言使用情况可分为三种类型:

1. "彝—汉"双语程度均衡区。指彝语和汉语熟练人数比例都比较高的地区,除新市坝镇外,分别是田坝片区、玉田片区和海棠片区。田坝片区彝语、汉语熟练人数比例分别为 91.6% 和 75.8%;玉田片区彝语和汉语熟练人数比例分别为 78.3% 和 69.6%;海棠片区彝语和汉语熟练人数比例分别为 100% 和 70.2%。其原因为:第一,从历史沿革来看,海棠和田坝两区民国时为汉区,与玉田同为土司管辖区,普昌、斯觉和吉米三区为黑彝管辖区。土司管辖区与汉族接触比黑彝管辖区多,也是田坝、玉田和海棠三区彝、汉双语都熟练的主要原因之一。第二,从民族分布来看,这三个区汉族人都比较多,田坝片区 34698 人中 25018 人为汉族,占 72.1%;玉田片区 24153 人中 7478 人为汉族,占 34.86%;海棠片区 12191 人中 5249 人为汉族,占 43.06%。第三,从地域分布和经济发展速度来看,这三个片区处于交通比较便利片区,经济发展速度比较快。第四,在教育教学方面,这三个片区的教学质量相对而言比较高。

2. 彝语熟练程度高于汉语区。指彝语熟练人数比例比汉语熟练人数比例高的地区,分别为普昌片区、斯觉片区和吉米片区。普昌片区彝语和汉语熟练人数比例分别为 72.2% 和 58.3%;斯觉片区彝语和汉语熟练人数比例分别为 81.6% 和 44.7%;吉米片区彝语和汉语熟练人数比例分别为 100% 和 37.2%。其原因同上,有四点:第一,与历史背景有关。第二,从民族分布来看,这三个区主要是彝族密集区,彝语保持得比较好。第三,从地域分布和经济发展速度来看,这三个片区所处的交通不方便,经济发展速度也比较慢。第四,从教育教学方面来看,这三个片区的主要教学工作还需要进一步完善。

3. 汉语熟练程度高于彝语区。指汉语熟练人数比例比彝语熟练人数比例高的地区,如甘洛县城汉语熟练人数比例占 88.2%,而彝语熟练人数只占 46.1%。甘洛县城的经济发展速度最快,汉族人口多于彝族,文化程度总体水平高于其他区域,情况比较好的家庭,不少把孩子送去成都等地方读书。

第二节 甘洛彝族未能形成全民双语制的原因

凉山彝族自治州的彝族除少部分杂居县的彝族外,美姑、昭觉、布拖、喜德、普格、甘洛、越西、金阳等聚居县的彝族,都未形成全民双语制。杂居县的彝族也保持着相对聚居。甘洛彝族未形成全民双语制有以下几个原因:

1. 历史原因

甘洛在新中国成立前隶属于越西县,1956 年 1 月 14 日成立"呷洛办事处"(甘洛原名呷洛,"呷"字是多音字容易误读,1959 年经国务院批准更名为甘洛县)。1956 年 2 月 28 日召开了甘洛县第一届第一次人民代表大会。凉山彝族到 1956 年民主改革前仍然完整地保留着奴隶社会制,处于刀耕火种阶段,生产力非常落后,是从奴隶社会直接跨入到社会主义社会,其社会发育程度很低。

2. 地理环境

甘洛县地处四川盆地南缘向云贵高原过渡的地带,全为山地,岭高谷深,河谷地带间有台地斜坝与河边小坝;东面连绵数十里的特克哄哄山由8座4000多米和60多座3000米以上的山峰组成;中部是甘洛县最高峰——马鞍山,海拔4288米;南部高山重叠,与凉山中部大山相连,额颇阿莫山高3905米;西部有3992米的碧鸡山。县境内有十多条河流流到甘洛河和尼日河,最后汇入大渡河。甘洛的地势险要是出了名的,彝族谚语说"石头扔到水里就出不来了,人要是被卖到甘洛就永远回不去了"。甘洛是凉山州的最北端,北与雅安地区的汉源县隔水相望。

3. 高度聚居

据史料,甘洛是藏彝走廊的北端。藏彝走廊主要包括四川的甘孜藏族自治州、阿坝藏族羌族自治州、凉山彝族自治州和攀枝花,云南的迪庆藏族自治州、怒江傈僳族自治州、西藏昌都地区等。在这片区域中,主要居住着藏缅语族的藏、彝、羌、傈僳、纳西、普米、哈尼、拉祜、独龙、壮、苗、瑶等族。这条走廊的甘洛区域,在彝族到来之前,主要居民是藏族,彝族从云南迁来进入凉山后,人数越来越多,势力不断壮大,迫使该区域的藏族不断往南或再往北迁徙,彝族人就成了这里的主要居民。明朝以前甘洛等地汉族居民非常少,甘洛的汉族主要来自湖南、湖北和四川内地,主要集中在田坝和海棠两个地区。新中国成立前甘洛县的苏雄、普昌、吉米、斯觉、玉田等地是没有汉族居民的。新中国成立后,凉山地区的经济仍然比较落后,彝族人外出务工或汉族迁入的情况也很少。

4. 受教育程度偏低

整个凉山彝族聚居县学龄儿童入学率很低。甘洛的教育在凉山地区算是比较好的,但彝族聚居区大部分都在半山或高山上,很多村寨没有学校。学龄儿童入学率很低,而且大部分学生上到三四年级就辍学了,能读到小学毕业的不多,读到初中、高中的更少。

5. 语言态度

在双语或多语环境中,语言态度对人们的语言使用起着重要作用。有什么样的语言态度,常常就会有相应的对待母语和第二语言的心理反映。甘洛县彝族一方面对母语保持深厚的情感,大多数彝族的第一语言是母语彝语,本民族人们之间交际大多使用母语;另一方面随着社会经济的发展、教育的进步和不同民族之间加强交流,甘洛县彝族以比较开放的态度接受外来文化,学习汉语文以及外语。

第四章 甘洛彝语及在语言接触中的汉语借词

第一节 甘洛彝语概况

彝语分为6大方言区,其中北部方言使用人口最多,近180万,地域也最广,主要分布在四川,其次分布在云南西北部。彝语北部方言分北部、南部两个次方言,操北部次方言的约有130万人,操南部次方言的约有50万人。北部次方言分4个土语:即圣乍土语、义诺土语、所地土语、田坝土语。

甘洛县的田坝、玉田、苏雄和海棠等片区的彝族大多说田坝土语,而普昌、斯觉、吉米等片区的彝族大多说义诺土语(主要分布在马边五区)和圣乍土语(主要分布在喜德、越西等县)。凉山规范彝文是以喜德语音为标准音,以圣乍土语为基础方言而整理制定的一套文字。义诺土语和圣乍土语,相同或相对应的词约占90%,区别不大。所以本节主要描写甘洛彝语中比较有特色的田坝土语。

田坝土语是北部方言里使用人口最少且较特殊的土语。据统计,使用该土语的彝族人约有10万人。甘洛彝语田坝土语的特色主要表现在语音和词汇方面。

一、田坝土语语音概述

1. 田坝土语声母36个:p、ph、b、m̥、m、f、v、t、th、d、n̥、n、l̥、l、ts、tsh、dz、s、z、tʂ、tʂh、dʐ、ʂ、ʐ、tɕ、tɕh、dʑ、ȵ、ɕ、ʑ、k、kh、g、ŋ、x、ɣ。

例词:

p	po^{33}	搜(身)	ph	pho^{33}	痣	b	bo^{33}	山
m̥	m̥o^{33}	吹	m	mo^{33}	见	f	fo^{31}	(一下)喝
v	vo^{33}	漂浮	t	to^{33}	吹牛	th	tho^{33}	扎,刺
d	do^{33}	喝(自动)	n̥	n̥o^{31}	赶	n	no^{33}	麻风
l̥	l̥o^{33}	(一种)姓	l	lo^{33}	船	k	ko^{33}	劝
th	tho^{33}	垫	g	go^{33}	拉	ŋ	ŋo^{33}	摸
x	xo^{33}	选	ɣ	ɣo^{33}	熊	ts	tso^{33}	镊子

tsh	tsho³³	人	dz	dzo³³	曾经	s	so³³	三
z	zo³³	学习	tʂ	tʂo³³	干	tʂh	tʂho³¹	沿着
dʐ	dʐo³³	直	ʂ	ʂo³³	假装	ʐ	ʐo³³	板面孔
tɕ	tɕo³³	旋转	tɕh	tɕho³³	参加	dʑ	dʑo³³	有
ȵ	ȵo⁵⁵	粘	ɕ	ɕo³³	烫	ʑ	ʑo³³	绵羊

声母说明：

(1) 田坝土语声母分塞音、塞擦音、鼻音、边音和擦音5类，其中又各分清、浊两个对立的小类，清音又分送气与不送气。

(2) 田坝土语与喜德话比较，缺少一整套与纯浊音(b、d、g、dz、dʐ、dʑ)相对应的鼻冠浊音(mb、nd、ŋg、ndz、ndʐ、ndʑ)。由于鼻冠音全部脱落，用同部位的浊音来代替。

另《彝语简志》里说甘洛话里没有清边音，经笔者对田坝、玉田、苏雄、普昌、斯觉等片区中部分村寨的调查，甘洛圣乍土语、义诺土语、田坝土语里都有这个音。现以田坝土语举例为证：

l̥a⁵⁵	裤子	a³³l̥a⁵⁵mo³¹	古时候	ɕi³³l̥e³³	姑娘
su³³l̥e⁵⁵	小伙子	dʐu³³l̥a³³	害怕	l̥o³¹	涮,摇晃
l̥o³³o³³	樱桃				

2. 韵母10个：ɿ、i、ɯ、o、u、ʅ、e、a、ɔ、u̱。

例词：

ɿ	pɿ³¹	背	phɿ³¹	象声词	ʅ	pʅ	放屁	phʅ³³	辣(动)
i	pi³³	读	phi³³	开	e	pe³³	踢	phe³³	(来)到
ɯ	pɯ³¹	滚(石头)	phɯ³³	痣	a	pa³³	说	pha³³	砍(树)
o	po³¹	(给)看	pho³³	逃跑	ɔ	pɔ³³	裂	phɔ³³	爆炸声
u	pu³³	公的	phu³³	解开	u̱	pu̱³³	回来	phu̱³³	女奴

韵母说明：由于田坝土语里的e、a、ɔ韵母没有松紧对立，所以这3个韵母不标松紧元音符号，e、a、ɔ是紧元音。ɿ、ʅ和u、u̱在高平调55中没有区别意义的功能，故在高平调出现的例词中一律标作ɿ、u。

3. 声调3个：55、33、31。

例词：

ba⁵⁵	鬼怪	ba³³	顶(用角顶)	ba³¹ka³³	村寨
tha⁵⁵	不要,约会	tha³³	坛子	tha³¹	分摊

二、田坝土语与喜德话语音比较

田坝土语与喜德话声韵母虽有一定的差别，但有较严谨的对应关系。下面列出田坝土语与喜德话声韵调的对应关系。

1. 声母对应情况

（1）彝语（喜德话）有一套浊塞音、塞擦音带鼻冠的复辅音 mb、nd、ŋg、ndz、ndʐ、ndʑ，而在田坝土语里带鼻冠音的复辅音已全部变成单辅音，用不带鼻冠音的浊音来代替。例如（下面我们用斜线标示，斜线前为田坝土语，斜线后为喜德话。下同）：

b—mb	be⁵⁵/mbi⁵⁵	蚂蟥	bi³³/mbi³³	分（动）	
d—nd	di³³/ndi³³	酒曲	de⁵⁵/ndi⁵⁵	责备,悬挂,结（果）	
g—ŋg	gɔ⁵⁵/ŋgo⁵⁵	采集	go³³/ŋgo³³	拉	
dz—ndz	dze⁵⁵/ndze⁵⁵	和睦			
dʐ—ndʐ	dʐʅ⁵⁵/ndʐʅ⁵⁵	酒			
dʑ—ndʑ	dʑe⁵⁵/ndʑi⁵⁵	跨上（马）	dʑɔ⁵⁵/ndʑo⁵⁵	冰	

田坝土语鼻冠音消失后，使音节结构发生了变化，也给韵母带来一些影响，部分元音由松变紧，如 mbi⁵⁵ 中的 i 当鼻冠音 m 消失后则变为 e（详见后文）。个别词的鼻冠音丢失后使声调也发生了变化，如 mba³³ 丢失鼻冠音 m 后，中平调变为高平调 ba⁵⁵。

还有一种情况，就是在表"自动""使动"时，喜德话用部分鼻冠音与清音对立表示，而田坝土语用同部位的浊音与清音表示。如：

田坝		喜德			
自动	使动	自动	使动		
bo³³	po³¹	mo³³	po²¹	滚（石头）	
do³³	do³¹	ndo³³	to²¹	喝	
dʐʅ⁵⁵	tɕhʅ⁵⁵	ndʐʅ⁵⁵	tɕhʅ⁵⁵	（油漆）剥削	
de⁵⁵	te⁵⁵	ndi⁵⁵	ti⁵⁵	悬挂,责备,结（果）	
de⁵⁵	tu⁵⁵	ndi⁵⁵	tu⁵⁵	（火把）燃烧	
ga⁵⁵	ka⁵⁵	ŋga⁵⁵	ka⁵⁵	穿	

（2）田坝土语与喜德话尽管有一定的差别，但共同点比相异点多。大多数词的声母仍是完全相同或有对应关系。以唇辅音为例：

p	pɔ⁵⁵/po⁵⁵	跑	po³³/po³³	搜（身）	po³¹/po²¹	（给）看
ph	phɔ⁵⁵/pho⁵⁵	派	pho³³/pho³³	逃跑	pho³¹/pho²¹	开
b	bɔ⁵⁵/bo⁵⁵	部队	bo³³/bo³³	走	bo³¹/bo²¹	占有
m	mɔ⁵⁵/mo⁵⁵	军队	mo³³/mo³³	看见	mo³¹/mo²¹	老
f	fu̠⁵⁵/fu⁵⁵	六	fu̠³³/fu³³	挠	fu³¹/fu²¹	紧张
v	vu⁵⁵/vu⁵⁵	推	vu³³/vu³³	疯	vu³¹/vu²¹	数

其他部位辅音的对应关系也一样，不一一举例。部分词虽然发生了一定的变化，但仍是清对清，浊对浊，相互间的对应规律明显。这类对应的词尚不多见，有些例词数很少。但为了让大家更进一步了解田坝土语在彝语北部方言次方言中的特殊地位，在此也将它们列出：

① 舌尖塞浊音与舌面塞浊音对应。

d∶dʑ　de⁵⁵(ka³³)/dʑʅ⁴⁴(ka³³)　　　　打架
　　　　di³³(pʅ³¹)/dʑʅ³³(pʅ⁴⁴)　　　　相互背
　　　　dʅ³³tɕo³¹(hi³¹)/dʑʅ⁴⁴tɕo²¹(hʅ²¹)　相互说

② 舌根清浊塞音与舌面清浊音对应。

k∶tɕ　ke³³/tɕi³³　　簸(粮)　　ki³³/tɕʅ³³　　胆
　　　ki³³/tɕʅ³³　　炼(锡)
g∶dʑ　gi³³/dʑi³³　　铜　　　　gi³³/dʑi³³　　熔化

③ 舌面清擦音和舌根清擦音与声门音对应。

ɕ∶h　ɕo³³/ho³³　　　　滑　　ɕu³³/ho³³　　养
　　　ɕe³³/ha³³(ne³³)　舌头
x∶h　xa³³/a⁴⁴he³³　　 鼠　　xe⁵⁵/hi⁵⁵　　胃
　　　xi³³(bu³³)/ho³³(bu³³)　太阳

④ 舌面浊擦音和舌根浊擦音与唇浊擦音对应。

ʑ∶v　(bu⁵⁵)ʑi³¹/(bu⁵⁵)vu²¹　蚂蚁　ʑo⁵⁵/vi⁵⁵　搓
　　　(sʅ³¹)ʑi²¹/(sʅ²¹)vo³³　桃子
ɣ∶v　ɣo⁵⁵/vo⁵⁵　　　猪　　ɣo³³/vo³³　　雪
　　　ɣɔ³³/va³³　　　鸡　　ɣo³¹/vo²¹　　青菜

2. 韵母对应情况

田坝土语的韵母松紧对应严谨,紧元音音节保留得多而全。喜德话紧元音有向松元音发展的趋势,松元音构成的音节远比紧元音构成的音节多。出现频率也比紧元音高,紧元音出现在高平调音节的也不如田坝土语多。在高平调音节上(除 i、ʅ、u、ṳ 外),田坝土语的紧元音大体上对喜德话的松元音。

(1) e—i

pe⁵⁵/pi⁵⁵　　　挖,掏　　　　　phe⁵⁵/phi⁵⁵　　欺骗
de⁵⁵/ndi⁵⁵　　戴(帽,鞋)　　　dze⁵⁵/dzi⁵⁵　　砍(竹子)
l̥e/ɬi⁵⁵　　　　晒,闪　　　　　se⁵⁵/si⁵⁵　　　杀,灭
tɕhe⁵⁵/tɕhi⁵⁵　把(刀)

(2) ɔ—o

田坝土语的紧元音高平调与喜德话的松元音高平调 o 相对应。

ɔ⁵⁵/o⁵⁵　　　下面　　　　nɔ⁵⁵/no⁵⁵　　臕
gɔ⁵⁵/go⁵⁵　　关,阻隔　　　tsɔ⁵⁵/tso⁵⁵　接,连
ʑɔ⁵⁵/ʑo⁵⁵　　错开　　　　　thɔ⁵⁵/tho⁵⁵　扎,刺
sɔ⁵⁵/so⁵⁵　　算,气　　　　　tɕɔ⁵⁵/tɕo⁵⁵　煮

n̠ɔ⁵⁵/n̠o⁵⁵	帖	dzɔ⁵⁵/dzo⁵⁵	冰

（3）田坝土语里 ɯ 的元音还未出现高平调音节，而喜德话的松元音已出现了 8 个高平调音节，与田坝土语里的 a、e、u 相对应。

tʂa⁵⁵/tʂɯ⁵⁵	压	tʂha⁵⁵/tʂhɯ⁵⁵	匀（苗）
ʂa⁵⁵/ʂɯ⁵⁵	阉割（牛、羊、鸡）	dʐa⁵⁵/dʐɯ⁵⁵	碎屑
ke⁵⁵/kɯ⁵⁵	柜子	khe⁵⁵/khɯ⁵⁵	天晚
ku̠⁵⁵/kɯ⁵⁵	会（做）		

（4）田坝土语的 a 元音能与舌面音进行组合，而喜德话则不能。

tɕha³³/tɕhe³³	跳	tɕa⁵⁵/tɕe⁵⁵	家
n̠a³³/ʐe³³	走	ɕa⁵⁵(mu³³)/ɕi⁵⁵(mu³³)	干什么

从以上例词中，我们可以看出，田坝土语韵母与喜德话的紧松元音对应关系只能出现在高平调(55)音节上，在中平调(33)和低降调(31)中，两者的对应是松对松，紧对紧，如田坝调 po³¹ "(使)滚"，喜德话 po²¹；田坝土语 tu̠³³ "抵抗"，喜德话 tu̠³³。

在喜德话中，松元音 u、ɿ 不可能出现在高平调音节上，只有紧元音 u̠ 和 ɿ̠ 在高平调中出现，也即在高平调音节中，ɿ、ɿ̠、u、u̠ 不构成对应关系，其他松紧元音在高平调中仍是对立的。而在田坝土语中，所有的紧元音都可出现在高平调上（例词见上），松元音则绝对不能出现在高平调上。松紧元音在高平调上不构成对立关系。在高平调音节中，喜德话除了 ɿ、ɿ̠、u、u̠ 不构成对立关系外，其他都可以构成对立关系，而田坝土语则所有的松紧元音都不构成对立关系。这正是田坝土语与喜德话的差别。为什么会有这些差别？是语言内部自身发展的结果，还是外来语言影响所致？我们从整个彝语支的松紧原因发展来看，松紧元音发展的趋势是松紧并存，松元音占优势，紧元音逐渐消失。因此，笔者认为田坝土语紧元音的发展较喜德话要慢些，相应地保存的紧元音也要比喜德话多一些。

3. 声调对应情况

田坝土语里有高、中、低 3 个调，即高平调 55，中平调 33，低降调 31。喜德话里有四个调，即高平调 55，次高平调 44，中平调 33，低降调 21。其中 55、33、21 调是基本调。44 调的调值很不稳定，单音节 44 调词较少。从听觉上看，田坝土语的低降调比喜德话的低降调起点要高一些，所以标为 31 调。

田坝土语的高平调、中平调、低降调与喜德话的高平调、中平调、低降调完全相同，如：pa⁵⁵ "公的"，dzɔ⁵⁵/dzo⁵⁵ "编织"，tso⁵⁵ "镲"，kha³³ "要"，pho³¹ "打开"，pɿ³¹ "背"。

要考察喜德话 44 调在田坝土语中的反映，只有从双音节词中入手，因为喜德话中的单音节 44 调基本词几乎没有。喜德话 44 调和田坝土语 55、33、31 调都有对应关系，并且与词类有关。田坝土语的名词 55 调一般与喜德话的 44 调相对应。如：

田坝	喜德	
tɕi⁵⁵mu³³	do⁴⁴mu³³	刀子

| ma⁵⁵ma³³ | ma⁴⁴ma³³ | 颗粒 |
| mu⁵⁵ṣa³³ | mu⁴⁴ṣa³³ | 坡地 |

形容词,特别是有关颜色方面的形容词,田坝土语里的中平调 33 一般与喜德话中的单音节 44 调相对应。如：

田坝	喜德	
n̥i³³ko³³ko³³	n̥i⁴⁴ko³³ko³³	红艳艳
n̥i³³lo³³lo³³	n̥i⁴⁴lo³³lo³³	红而透亮
tɕhu³³le³³le³³	tɕhu⁴⁴le³³le³³	明亮(白)
tɕhu³³ṣa³³ṣa³³	tɕhu⁴⁴ṣa³³ṣa³³	白花花

田坝土语的 55、33、31 调均无变调形式,而喜德话里的词 44 调可变为 21 调,有的词 21 调可变为 44 调,这类词主要在动词类。田坝土语里的 31 调与喜德话里的 44/21 调相对应。

田坝	喜德	
pɿ³¹	pɿ⁴⁴/pɿ²¹	背
po³¹	po⁴⁴/po²¹	(给)看
phu³¹	phu⁴⁴/phu²¹	拴
bɿ³¹	bɿ⁴⁴/bɿ²¹	给

虽然田坝土语与喜德话大多数词读音相同,并且仍有严密的对应规律可循,但由于部分词的声母、韵母甚至声调已发生了一定的变化,因而两个讲不同土语的人在交往中有一定的语言障碍。

三、田坝土语的词汇特色

1. 构词的不同。如"蚊帐"一词在田坝土语里叫 bu³³ʑi³³,bu³³ 虫类,ʑi³³ 房子,其意为"拦蚊虫的房子"。喜德话"蚊帐"叫 bu³³lo³³du³³,bu³³ 蚊虫类,lo³³ 拦,du³³ "工具"或"东西",其意为"拦蚊虫的东西"。再如"梯子"一词的构成。田坝土语是"名词 ɕi³³(脚)＋动词 tsɔ⁵⁵(接)"构成,直译为"接脚",即"脚的延伸";喜德话则是"动词 dɔ³³(爬)＋量词 tsi²¹"构成,意为"爬的阶梯"。

2. 保留的古语词。如"乌鸦"一词,田坝土语叫 ɔ³³nɔ³³,古代彝语文献里均读 ha³³nɔ³³,东南部方言路南撒尼土语读 ɔ⁴⁴nɔ³³,现代彝语大多数地方都读 a⁴⁴dʑi³³。又如"眼睛"n̥e³³ʂɿ³¹,与所地土语和东南部方言路南撒土语的读音完全相同。在北部方言里,所地土语是公认的保存古语词最多的一种土语。如"鸡"ʑe³³,"肉"xɯ³³,"牛"n̥i³³,"羊"dʑɿ⁵⁵。彝文文献里分别读 ʑe³³,xɯ³³,n̥ɿ³³,dʑɿ⁵⁵(这些基本词的读音跟云南、贵州的彝语读音一样)。在北部方言现代彝语大部分地方一些基本词读音一致,如"鸡"va³³,"肉"ʂɯ³³,"牛"lɯ³³,"羊(山羊)"tʂhɿ⁵⁵。这说明田坝土语和所地土语都保留了彝语北部方言未分化之前的读音,而圣乍土语则改变了。

3. 田坝土语的借词。田坝土语的借词主要借自藏语尔苏话和汉语。如"辣椒"fu³¹tsɿ³³,

"黄瓜"sɿ³¹khɯ³³借自藏语尔苏话的 fu⁵⁵tsi⁵⁵ 和 tsɿ³³khɯ⁵⁵。这些词大多数是些文化词。这类词还有：

田坝	喜德	
gɔ³³lɔ⁵⁵（借汉）	li⁵⁵thi³³	高楼
ʑi³³dʑi³³（借尔苏）	ʑa²¹ʑo⁵⁵	土豆
kɯ³³bu³³（借尔苏）	kɔ³³la³³	高粱
sɿ³¹khɯ³³（借尔苏）	xɔ²¹kɔ³³	黄瓜
fu²¹tsɿ³³（借尔苏）	ʂa³³dzi⁵⁵	辣椒
si³¹ʑi³³（借尔苏）	sɿ²¹vo³³	桃子
tɯ³³tsʊ³（借汉）	ɣo³³thʊ³³	大葱

4. 另外有些词可能是田坝土语形成后才产生的。如 bʊ³¹dʐa⁵⁵la⁵⁵mo³¹"蜻蜓"一词，bʊ³¹是 bu³³的变调形式，意为"蚊虫"，dʐa⁵⁵"漂亮、美丽"，因蜻蜓的形体美，la⁵⁵mo³¹的本意为"老虎"，此处为大之义，意为"既漂亮又特大的蚊虫"。有些词无法分析它的构词语素，这是田坝土语中最特殊的词，但是比例不太大。这些词有：

田坝	喜德	
bʊ³¹dʐ⁵⁵la⁵⁵mo³¹	tshe³³	蜻蜓
pɿ⁵⁵ta³³	i⁴⁴po²¹	被子
m̥ɯ³³lɯ³³	i⁴⁴po³³	膀胱
phi³¹ʑi³³	mo³³	裙子
pa³¹la⁵⁵	phɿ³¹	（女）生殖器
m̥i³³m̥i³³	phu²¹ʂu³³	尾巴

四、田坝土语的形成原因

田坝土语的形成，除了语言发展的内部原因，还有一些重要的外部原因。

1. 语言、文化交流。田坝土语区域（田坝、苏雄、玉田、海棠 4 个片区）与汉源、石棉等接壤，属于川西藏彝民族走廊的一部分。历史上这里先后居住过不同语言文化的藏缅语民族，语言和文化随着民族间征战或往来，在漫长的历史长河中不断相互融合，在彝族尚未来到这片土地之前，这里曾居住着其他的民族，彝族迁来以后其他民族的语言成分便不同程度地保留在彝族语言中了，这就是形成今天田坝土语的一个重要原因。讲圣乍土语和讲义诺土语的人习惯上称讲田坝土语的人为 hi³¹su³³、tɕhu⁵⁵mu³³su³³ 或 tɕhu⁴⁴mu³³di³³，即"外来人"，hi³¹ 实际是 hi³³ 的变调形式，即外来之意，su³³ 是人。田坝土语中虽有一定成分的外来词，但当地人并非来自外来民族。

2. 地理环境。甘洛县分布有田坝、圣乍、义诺 3 种土语。他们各自的地理位置很分明，讲田坝土语的人分布在西部和北部地区，讲圣乍土语的人主要分布在南部，讲义诺土语的人主要分布在东部地区,即尼日河以西地方是田坝土语区域。两岸人要交往必须通过尼日河,而历史上尼日河上只有两处有藤索道。正如大凉山流传的彝语谚语所说"ʑi³³thi³³l̩³³a³¹gu⁵⁵,ka⁵⁵lo³³tsho³³a³¹gu⁵⁵"(石扔进河里不复起,人卖到甘洛永不还),自然地理的险要,阻碍和影响了人们的交往,造成了两种土语间的距离。

3. 社会制度。在 1956 年民主改革前的凉山彝族地区,黑彝、土司均有自己统治和管辖的势力范围,各势利范围内的人互相往来非常有限。田坝、玉田、苏雄和海棠的白彝(即田坝土语区域)与普昌、斯觉、吉米的黑彝统治地区(即义诺、圣乍土语区域)往来甚少,双方长期处于一种戒备、仇视,甚至征战的状态。除了土司与黑彝开亲往来外,贫民阶层之间没有任何往来,他们既无婚姻上的联系,也无其他方面的联系。随着岁月的流逝,田坝土语与彝语其他土语间的差异点越来越多,语言距离越来越大,最后逐渐形成了今天所看到的这种土语分布格局。

第二节 甘洛彝语在语言接触中的汉语借词

一种语言从另一种语言借词是丰富本民族语言的重要手段。一般来说,它不会削弱本民族语言的特点,也不是本民族语言贫乏的表现。我国各民族在历史的长河中,共同缔造了中华文化。各民族之间相互借词现象频繁,特别是各民族语言大量借用汉语,如白语、朝鲜语中汉语借词已占了相当的比例,但并没有因此影响这两个民族的语言,而是丰富和发展了他们的语言。同时,任何语言在吸收外来语成分时,并不是原封不动地照搬,而是依据自己的结构规则和发展规律,加以适当地改造,使之纳入本民族的词汇体系,成为本民族语言的有机组成部分。

甘洛县早在清朝嘉庆年间(1796—1820 年)就有汉族迁入,与汉族的接触较早,加之民主改革前甘洛彝族白彝区域田坝、苏雄等处于凉山最开明的土司岭光电、最大的土司岭邦正两大土司的管辖范围,所以当地彝族居民受土司文化和汉文化的影响较深,甘洛彝语就在这种条件下吸收、借鉴其他文化并传承自己特有的民族文化。在长期的生产、生活中甘洛彝语不仅形成了自己独特的"田坝彝语土语",还在彝语中出现了大量的汉语借词。因此,要全面了解甘洛彝语,就不能不对它的汉语借词有较为清楚的认识,特别是在调查研究甘洛彝语使用现状时,对其借词的了解和把握显得尤为重要。在长期与汉民族的接触中,甘洛彝语中汉语借词有以下几个特点:

一、借词的时间层次性

甘洛彝语借词从时间上大致可分为民主改革前的早期汉语借词和民主改革后的晚期汉语借词两类。早期汉语借词多以反映日常生产、生活的常用词汇为主,如:腊肉、玉米、洋火、赶场等。而晚期汉语借词则以反映现代社会生活中出现的新事物新现象的新词术语为主,如:公社、干部、科学、医生、电视、手机等。而晚期汉语借词无论是从数量上还是使用频率,都远远超过早期汉语借词。

(一) 早期汉语借词

主要指在1956年民主改革前就已在彝语中使用的汉语借词,多为人们日常生产、生活方面的词语,这类借词由于借入时间早,经过人们长期的使用,服从了本民族语言规律,也就成了本民族语言中的有机组成部分,有些甚至很难分辨出是借词还是本民族固有词,这类词在长期的使用过程中基本上彝语化了。如:

ʐo³³	羊	ʑe²¹ xo³³	洋火(火柴)
ʂa³³ dzi⁵⁵	辣椒	mu³³ ɣa⁵⁵	马鞍
tɯ³³ ndʐɿ³³	毽子	mu²¹	麻
ʐa²¹ ʐo⁵⁵	洋芋	po³³ ku²¹	包谷
tu⁵⁵ fu²¹	豆腐	i⁴⁴ mo²¹	玉米
tɕe³³ tu⁵⁵	豇豆	tsha²¹ tu⁵⁵	蚕豆
la³³ ʐu³³	腊肉	ma³³ tha⁵⁵	麻糖
ʐa³³ phe³³	鸦片	ʐa³³ ka³³	烟杆
ʑi³³	烟	ka³³ tʂha²¹	赶场
tɕe³³ ga³³	街	pi²¹ ti⁵⁵	白锭
mu⁵⁵ fa²¹	没法	tɕi³³	斤
tʂhɯ²¹	寸	tʂhɿ²¹	尺
ʐe³³ mo³³	大楼	lo³³ ko³³	罗锅

这些借词借入时间较早,有的百年以上,有的可能更早。

(二) 晚期汉语借词

众所周知,凉山彝族地区1956年才实行民主改革,是从奴隶社会直接进入到社会主义社会,当时史学界称之为一步跨千年,从其社会发育程度来讲是很不完整的,它没有经历封建社会。1956年民主改革后,大量新词术语都进入到彝语中来,这类词多为一些科技、政治、文化和教育等方面的词语。如:

ko²¹ tɕa⁵⁵	国家	ʂe²¹ xo³³ tʂu³³ ʑi²¹	社会主义
tʂo³³ ɣo³³	州委	sɿ²¹ tʂho³³ ʂɯ³³	四川省
ko²¹ tʂha³³ ta³³	共产党	kɯ²¹ mi²¹	革命
ʐe²¹ mi²¹	人民	ka²¹ pu²¹	干部
ɕe²¹ tʂa³³	县长	tho²¹ tʂɿ²¹	同志
ʑi⁵⁵ ʂɯ³³	医生	kho²¹ tɕi²¹	会计

pi²¹ tɕɿ³³	北京	ʂa²¹ xe³³	上海
xo³³ tʂhɯ³³	火车	fi³³ tɕɿ³³	飞机
ta³³ pho⁵⁵	大炮	tho⁵⁵ la³³ tɕi³³	拖拉机
tɕhɿ³³ tʂhɯ³³	汽车	ʂo³³ pe³³	手表
te²¹ ʐɿ³³	电影	te²¹ ʂɿ³³	电视
te²¹ tɯ³³	电灯	te²¹ xɔ³³	电话
ko⁵⁵ ʂɿ³³	公司	ko⁵⁵ ʂɯ²¹	公社
ta²¹ to²¹	大队	to²¹ tʂa³³	队长
kho⁵⁵ ɕo³³	科学	ʑu³³ ɤo³³	语文
su⁵⁵ ɕo³³	数学	thɿ³³ ʑu³³	体育
ɕe³³ ɕo²¹	小学	tʂo⁵⁵ ɕo²¹	中学
pi²¹	笔	tɕhe⁵⁵ pɿ²¹	铅笔
va²¹ tsɿ³³	袜子	ɕa⁵⁵ tso²¹	香皂
ʐɿ³³ ko²¹	衣柜	pi³³ tsɿ²²	杯子
tɕi³³ pu³³	进步	pa³³ tɯ³³	板凳
tʂo³³ ɕa³³ tɕi³³	照相机	te²¹ fo³³ sa²¹	电风扇
tɕi³³ tha²¹	吉他	ʂo³³ fo³³ tɕhi²¹	手风琴
ʑi³³ tsɿ³³	椅子	ʂa⁵⁵ fa²¹	沙发

我国改革开放后,新事物、新词语的大量出现,汉语借词的进入,表现得更为突出。如:

ke³³ kɯ³³ khe³³ fa³³	改革开放	phu³³ tho³³ xo³³	普通话
te²¹ pi³³ ɕe³³	电冰箱	ta³³ xo³³ tɕi³³	打火机
mo³³ tho³³ tʂhɯ³³	摩托车	ʂo³³ tɕɿ³³	手机
kɯ³³ vu³³ thi³³	歌舞厅	phi²¹ tɕo³³	啤酒
tɕo³³ pa³³	酒吧	ɕa⁵⁵ ʂo³³	香水
kha³³ la³³ o³³ khe³³	卡拉 OK	tɕo³³ ʑi³³ vu³³	交谊舞
pi⁵⁵ ko³³	宾馆	fa²¹ te³³	饭店
ko³³ to³³	果冻	kha³³ fe³³	咖啡
kho³³ tʂha³³	快餐	xo³³ ko⁵⁵	火锅
lu³³ ʐo²¹	卤肉	me²¹ po³³	面包
xo³³ tho³³ tʂha²¹	火腿肠	fa³³ pe³³ me³³	方便面
ta²¹ ko⁵⁵	蛋糕	kho²¹ tɕho³³ ʂo³³	矿泉水
khɯ³³ lɯ³³	可乐	pi⁵⁵ tɕhi³³ li²¹	冰淇淋
ʑi³³ ʂo³³ tɕi⁵⁵	饮水机	ɕo⁵⁵ tu²¹ ko²¹	消毒柜
xa³³ tʂo³³ phi³³	化妆品	khpo⁵⁵ the²¹	空调

ȵo³³tʂe³³khu²¹	牛仔裤	tɕe³³me³³khu²¹	健美裤
ma³³tɕa²¹	麻将	tʂhe³³phi²¹	彩票
tɕi³³ʂɔ³³tɕi⁵⁵	计算机	pi²¹tɕi³³pi³³	笔记本
fa³³to³³me²¹	防盗门	po³³ɕe³³ko³³	保险柜
ʂɯ⁵⁵fe³³tʂɯ²¹	身份证	the³³tɕho²¹	台球
ɣa³³pa⁵⁵	网吧	de³³thi⁵⁵	电梯
te²¹fa³³po³³	电饭煲	te²¹ʐɯ³³tha³³	电热毯
tʂhu³³tsu³³tʂhɯ³³	出租车	me²¹po³³tʂhu³³	面包车

甘洛彝语大量借用汉语词语,仍然按照彝语传统的语音、语法借用汉语,这一点是不容忽视的。如:最能体现彝语语法特点的宾动词组,在借用汉语动宾词组后,在彝语中仍然是宾动词组。如:

  彝语   汉语

ma³³tɕa²¹ ndu²¹   打 麻将

麻将(宾) 打(动) (动)(宾)

the³³tɕho²¹ ndu²¹   打 台球

台球(宾) 打(动) (动)(宾)

te²¹xɔ³³ ndu²¹   打 电话

电话(宾) 打(动) (动)(宾)

fi³³tɕʅ³³ ȵi³³   乘 飞机

飞机(宾) 乘(动) (动)(宾)

例句:

1. 他打麻将去了。

tʂhʅ³³ ma³³tɕa²¹ ndu²¹ bo³³ o⁵⁵。

他 麻将 打 去 了。

2. 我们一起去打台球。

ŋa²¹ȵi⁵⁵ dʑʅ⁴⁴tɕho³³ the³³tɕho²¹ ndu²¹ bo³³。

我们 一起 台球 打 去。

3. 他打电话了吗?

tʂhʅ³³ te²¹xɔ³³ ndu²¹ ndu³³ o⁵⁵?

他 电话 打 打 吗?

4. 我今天乘飞机到北京。

ŋa³³ i²¹ȵi²¹ fi³³tɕʅ³³ ȵi³³ pi²¹tɕi³³ ɕi³³。

我 今天 飞机 乘 北京 到。

二、借词的借用方式

甘洛彝语借用外来词的方式主要有全借、半借和意译加注等。其中以全借形式为主要的借词手段,这类借词在数量上相当多。

(一)全借。也就是音译词,是彝语中没有反映这些事物的词,而直接从汉语中借用。主要指一些新事物和新词语。如:

ko²¹ tʂha³³ ta³³	共产党	kɯ²¹ mi²¹	革命
ʐe²¹ mi²¹	人民	ka²¹ pu²¹	干部
te²¹ ʑ1³³	电影	te²¹ ʂ1³³	电视
xo³³ tʂhɯ³³	火车	fi³³ tɕi³³	飞机
fa³³ to³³ me²¹	防盗门	po³³ ɕe³³ ko³³	保险柜
ʑi³³ ts1³³	椅子	ʂa⁵⁵ fa²¹	沙发
ta²¹ ko⁵⁵	蛋糕	me²¹ po³³	面包
ta²¹ ɕo³³ ʂɯ³³	大学生	ʑi²¹ tɕo³³ ʂɯ³³	研究生

(二)半借。有些借词借入后,与彝语词结合在一起构成新词。其构成形式是在本语词前或后加上汉语借词。如:

tʂhu⁵⁵	ʑ1³³	——	tʂhu⁵⁵ ʑ1³³
醋(借)	水(本)		醋
gu⁵⁵	pha³³	——	gu⁵⁵ pha³³
边(本)	半(借)		半边
dʐo²¹	pa⁵⁵	——	dʐo²¹ pa⁵⁵
(本)	坝(借)		平坝
te²¹ ʑi³³	hɯ²¹ dɯ³³	——	te²¹ ʑi³³ hɯ²¹ dɯ³³
电影(借)	看 地方(本)		电影院
ȵi⁵⁵ tsh1³³	pha³³	——	ȵi⁵⁵ tsh1³³ pha³³
脸 洗(本)	帕(借)		洗脸帕(毛巾)
ȵi⁵⁵ tsh1³³	phi²¹	——	ȵi⁵⁵ tsh1³³ phi²¹
脸 洗(本)	盆(借)		洗脸盆
pi²¹ tɕ³³	lu³³ khu³³	——	pi²¹ tɕ³³ lu³³ khu³³
北京(借)	城市(本)		北京
tʂɯ²¹ tu³³	lu³³ khu³³	——	tʂɯ²¹ tu³³ lu³³ khu³³
成都(借)	城市(本)		成都

(三)意译加注。这类词所代表的事物大都是一些新事物、新词语,这些意译借词根据汉语词的词素结构或用词表达概念的方式,用相应的彝语材料和语法手段来对译或做解释性对

译。如：

ʂɯ³³ɡa³³ —— 铁路
铁　路

zo⁵⁵zɯ³³ —— 学生
学 孩子

zo³³tɕo²¹ —— 同学
学　友

dʐɿ³³tsɿ³³dɯ³³ —— 牙刷
牙　洗　物

lɿ³³tʂhɿ³³ —— 石油
石 油

sɿ⁵⁵pa⁵⁵dɯ³³ —— 办公室
事 办 地方

ɕɿ³³nɯ³³di²¹hi⁵⁵ —— 星期天(公休日)
休息　　时候

ȵi³³mu³³hi⁵⁵mu³³hɯ²¹dɯ²¹ko³³ —— 动物园
动物　　　看　地方

另外，我们知道各民族文化之间是相互融合的，甘洛彝族人民在长期的生产、生活中不断借用汉语借词的同时，当地汉语中也同样存在彝语借词现象。如：

ma³³ʂi²¹tsi³³　马匙子（汤勺）
tsha²¹lu³³va²¹　察尔瓦（披毡）
pi³³mo³³　毕摩
su³³ȵi⁵⁵　苏妮
lu³³pi³³lu³³tɕi³³　尔比尔吉（谚语）
khɯ²¹dʐɯ²¹　克哲（俚语）

三、借词的语义分类

甘洛彝语借词的词类主要是名词，从借词的语义范畴来看，大致可把借词分为日用、交通、饮食、服饰、娱乐、文教、政府政治、国家城市、职业身份、度量单位及货币等类别。

（一）日用

te²¹pi³³ɕe³³　电冰箱　　ta³³xo³³tɕi³³　打火机
ʂo³³tɕi³³　手机　　　　khpo⁵⁵the²¹　空调
zi³³tsɿ³³　椅子　　　　ʂa⁵⁵fa²¹　沙发

tʂo³³ ɕa³³ tɕ³³	照相机	te²¹ fo³³ sa²¹	电风扇
ɕa⁵⁵ ʂo³³	香水	di²¹ tho³³	电筒
pi⁵⁵ tsɿ³³	杯子		

（二）交通运输

xo³³ tʂhɯ³³	火车	fi³³ tɕi³³	飞机
tʂhu³³ tsu³³ tʂhɯ³³	出租车	me²¹ po³³ tʂhɯ³³	面包车
tɕhi²¹ tʂhɯ³³	汽车	ʂa⁵⁵ lɯ³³ tʂhɯ³³	三轮车
mo³³ tho³³ tʂhɯ³³	摩托车	tsɿ³³ ɕi³³ tʂhɯ³³	自行车

（三）饮食

ta²¹ ko⁵⁵	蛋糕	kho²¹ tɕho³³ ʂo³³	矿泉水
ko³³ to³³	果冻	kha³³ fe³³	咖啡
lu³³ ʐo²¹	卤肉	me²¹ po³³	面包
phi²¹ tɕo³³	啤酒	pi³³ ka⁵⁵	饼干
po³³ tsɿ³³	包子	ma²¹ tho³³	馒头

（四）服饰

ȵo³³ tʂe³³ khu²¹	牛仔裤	tɕe³³ me³³ khu²¹	健美裤
ta³³ ʐɿ⁵⁵	大衣	phi³³ ʐɿ⁵⁵	皮衣
bu³³ ɕi³³	布鞋	phi³³ ɕi³³	皮鞋
va²¹ tsɿ³³	袜子	tʂhɯ³³ ʐɿ³³	衬衣
tɕho³³ ʐɿ³³	秋衣	tɕho³³ khu³³	秋裤
fo³³ ʐɿ³³	风衣	vi³³ tɕi³³	围巾
lo³³ to³³ pu³³	劳动布	tɯ³³ ɕi³³ ʐo³³	灯芯绒

（五）娱乐

te²¹ ʐɿ³³	电影	te²¹ ʂɿ³³	电视
kɯ³³ vu³³ thi³³	歌舞厅	tɕo³³ pa³³	酒吧
kha³³ la³³ o³³ khe³³	卡拉 OK	tɕo³³ ʑi³³ vu³³	交谊舞
la²¹ tɕho²¹	篮球	tsu²¹ tɕho²¹	足球
ʂa³³ va³³	上网	ʐo³³ ɕi³³	游戏
tɕi³³ tha³³	吉他	kho³³ tɕhi³³	口琴

(六) 文教

kho⁵⁵ɕo³³	科学	ʑu³³ɣo³³	语文
su⁵⁵ɕo³³	数学	thʅ³³ʑu³³	体育
ɕe³³ɕo²¹	小学	tʂo⁵⁵ɕo²¹	中学
pi²¹	笔	tɕhe⁵⁵pʅ²¹	铅笔

(七) 政府政治

ko²¹tʂha³³ta³³	共产党	kɯ²¹mi²¹	革命
ko²¹tɕa⁵⁵	国家	ʂe²¹xo³³tʂu³³ʑi²¹	社会主义
tʂo³³ɣo³³	州委	tʂo³³tʂu³³fu³³	州政府
ko⁵⁵a³³tɕʅ³³	公安局	phɯ³³tʂhu³³ʂo³³	派出所

(八) 国家城市

pi²¹tɕʅ³³	北京	ʂa²¹xi³³	上海
ba³³li³³	巴黎	ȵo³³ʐo³³	纽约
tʂi⁵⁵ko³³	中国	ʑi²¹bɯ³³	日本
mi³³ko³³	美国	ʑi⁵⁵ko³³	英国

(九) 职业身份

ɕe²¹tʂa³³	县长	tho²¹tʂʅ²¹	同志
ʑi⁵⁵ʂɯ³³	医生	kho²¹tɕʅ²¹	会计
ʂu⁵⁵tɕʅ³³	书记	tɕu³³tʂa³³	局长
mʅ³³ʂu⁵⁵	秘书	sʅ⁵⁵tɕi⁵⁵	司机
tʂha³³tʂa³³	厂长	tɕi³³li³³	经理

(十) 度量单位及货币

tɕi³³	斤	khɯ⁵⁵	克
tshɯ³³	寸	mi³³	米
ɯi³³ʐo³³	美元	ʐɯ²¹mi³³pi³³	人民币

(十一) 其他

ku³³phi²¹	股票	tshe³³phi²¹	彩票
ma³³tɕa²¹	麻将	ka³³tʂha²¹	赶场（赶集）

| ʐi³³pa³³ | 哑巴 | ʐi³³ʂɯ²¹ | 颜色 |
| ko⁵⁵sɿ³³ | 公司 | ko⁵⁵ʂɯ²¹ | 公社 |

从借词的时间层次性以及借用方式和语义分类研究中,我们可以归纳出甘洛彝语中汉语借词的来源主要有以下几个方面:一是随着历史的进步、社会的发展,大量的新现象、新事物的出现是产生借词的主要原因,这类借词多为全借借词,如"改革开放""共产党""手机""身份证"等;二是随着商品经济的飞速发展,日益丰富的商品促进事物的细化,这就使过去表示单一事物的词进一步细分开来,用不同的词来表示同一类型事物,使本语词汇得以丰富和发展,这类借词多为半借借词,如甘洛彝语中过去用"i³³ti⁵⁵"(本语词)来泛指不同类型的衣服,现在则分别用"大衣""皮衣""衬衣""棉衣"等借词来加以区别不同的衣服,同样过去用"ɬa⁵⁵"(本语词)泛指裤子,用"ɕɿ⁵⁵ni³³"(本语词)泛指鞋,现在都借用汉语中不同的词来加以区分,使得语言表述更为确切;三是由于新事物、新词语的出现,在借用汉语借词时,用已有的本语材料和语法手段来对译或解释事物表达概念,这类借词多为意译加注借词,如用本语材料"ɕɿ³³nɯ³³di²¹hi⁵⁵"来表达星期天、公休日这一新词概念,此类借词数量不多。

四、本语词与汉语借词的并存和竞争

随着汉语借词的不断进入,人们在日常生活中不断使用汉语借词。而有些汉语借词所表述的事物与概念,在本语中也有相应的词与之对应,故在使用时存在本语词与汉语借词共同使用现象。而在这一共存现象中本语词与汉语借词在使用和发展趋势上的竞争则是不可避免。

1. 由于社会的发展、人们交际的需要,一些汉语借词在共存现象中占了上风,处于优势,逐渐替代了本语词。本语词只在少数人或是老一代人中使用,而多数人特别是年轻人则选择使用汉语借词。如:

	本语词	借词
爸爸	a⁴⁴ta³³	pa²¹pa³
妈妈	a⁴⁴mo³³	ma³³ma³³
弟弟	i⁴⁴ʐi³³	ti³³ti³³
家	i⁴⁴ko³³	tɕe³³
开会	mo²¹gɯ²¹	khe⁵⁵xo³³
学校	zo⁴⁴de³³	ɕo²¹ɕo³³
老师	a⁵⁵mo²¹	lo⁴⁴sɿ³³
白菜	xa³³pi⁵⁵	pe²¹tshe³³
挂面	ʂa³³mu⁵⁵	ka³³me⁵⁵
馒头	ʂa³³fu³³	ma²¹tho²¹
肉	ʂɯ³³	zo²¹
同志	tɕho²¹po²¹	tho²¹tʂɿ²¹

2. 本语词与汉语借词共存现象还反映在一些人名的命名上。以前甘洛彝族人只有一个彝族名字,也就是彝语单名制,并保存了同其他彝区相同的父子联名制。随着社会的发展、教育的普及、通婚的自由以及与汉民族交往的日益加深,甘洛彝族姓名由过去单一的彝名发展到彝汉双名,甚至有的年轻人只有汉名没有彝名。下面以沙光华一家四代姓名的变化为例:

表 4-1 沙光华一家四代姓名变化表

代 际	家庭关系	彝语名	汉 名
第一代	祖父	ʂa³³ma⁵⁵ʐ̩³³lu³³ 沙玛日尔	无
第二代	父亲	ʂa³³ma⁵⁵mu³³ka⁵⁵ 沙玛木呷	无
	母亲	tɕho³³mo⁵⁵ɲo⁵⁵ɲo³³ 曲木妞妞	无
	伯父	ʂa³³ma⁵⁵ʐ̩³³pu⁵⁵ 沙玛依布	无
	伯母	ʂa⁵⁵ka³³kɯ³³xa³³mo⁵⁵ 沙呷克哈莫	无
第三代	沙光华	ʂa³³ma⁵⁵ 沙玛尔布	沙光华
	弟弟	ʂa³³ma⁵⁵n̩³³pu⁵⁵ 沙玛里布	沙正福
	弟媳	tɕho³³mo⁵⁵a⁵⁵tʂ̩³³ 曲木阿芝	无
第四代	长子	ʂa³³ma⁵⁵a⁵⁵mu³³ 沙玛阿木	沙红军
	次子	ʂa³³ma⁵⁵mu⁵⁵n̩³³ 沙玛木乃	沙小勇
	长女	ʂa³³ma⁵⁵a³³ʐ̩⁵⁵ 沙玛阿依	沙明英
	次女	ʂa³³ma⁵⁵a⁵⁵ka³³ 沙玛阿呷	沙小兰

以上四代人中第一代、第二代是彝语单名,从第三代开始使用双名,双名中彝语名仍然按照彝族传统命名方式命名,而在取汉名时则把彝族姓氏的第一字"沙玛"中的"沙"作为汉名中的姓来用,取名"沙光华""沙小兰"等。

现在越来越多的彝族年轻人使用汉语单名,有的取名时使用"彝姓+汉名",如:"沙呷俊男""曲木中国""沙玛小军"等;有的直接使用"汉姓+汉名",如:"沙明芝""王军""沙英"等。

此外,在本语词与借词并用现象中,不同年龄和不同文化程度的人在借词的使用上也表现出明显的不同。一般老人多用本语词,中年人本语词与借词并用,青年人则多用借词。另外文化程度越高的人因受汉文化或其他文化影响较大,他们的语言中所掌握和使用的汉语借词较多,反之则较少。一方面有些本语词的使用范围、使用频率逐渐缩小,部分本语词的使用出现弱化,而汉语借词在共存环境中,则表现得较为活跃。这一现象在口语中表现得更为明显。另一方面由于深厚的民族情感、民族意识,一些本语词在竞争中仍占上风。如在本民族重大的节庆、婚丧嫁娶和宗教禁忌活动中,仍然以使用本语词为主,汉语借词只在小范围、少数人中使用。由于这类活动较为神圣庄严,而且参加的人群中老一代人较多,特别是婚丧嫁娶这类活动更是增进和形成民族内部亲情、友情甚至爱情的场所,同时也是最能体现和弘扬彝族人民尊老爱幼以及其他传统美德的地方,因此在这类活动中人们大都使用本民族语言进行交流。

五、借词借用的地区不平衡性

甘洛彝族在使用借词时表现出了较为明显的地区不平衡性。在田坝、苏雄、玉田、城关镇等地区的彝语中汉语借词较多，人们也在日常生产生活中广泛使用汉语借词。而在吉米、斯觉、普昌、海棠等地区的彝语中汉语借词较少，人们在日常生产生活中语言的使用仍以彝语为主，较少使用汉语借词。

甘洛彝族借词借用的地区不平衡性，与甘洛的历史文化、政治经济等发展的地区不平衡性有直接的关系。土司统治地区的田坝、苏雄等地的彝族在新中国成立前就较早与汉族和其他民族接触，在政治、经济、文化等方面都要比黑彝统治地区先进，直到今天这些地区仍是甘洛彝区中政治、经济、文化等发展较快较好的地区，因此在历史发展的长河中不断地吸收汉族和其他民族的借词以丰富自己的语言。而吉米、斯觉、普昌、海棠等历史上属黑彝统治的地区，直到现在相对来说仍是甘洛政治、经济、文化、教育较为落后的地区，这些地区仍然保持彝族群居，很少有汉族和其他民族在这些地区居住，语言使用仍以彝语为主。

不难看出，同一民族在社会政治、经济、文化以及地理等方面反映出来的不平衡性，会造成民族语言使用的差异性。我们可以通过对这一差异的分析研究，来探讨这一民族更深层次的历史文化变革。

第五章 甘洛彝族青少年彝语使用情况

第一节 甘洛彝族青少年母语使用代际差异及城乡差异

一、从田坝片区母语使用代际差异看青少年母语使用情况

课题组两次深入田坝片区调查,共发放70份问卷。这里是双语社会,不同年龄层次的群体,即祖辈、父辈、子辈人群在母语、汉语能力及熟练程度、使用程度上呈现明显代际差异。

表5-1 田坝片区家庭内部母语掌握程度

辈分	称谓	田坝彝语 熟练 人数	百分比(%)	一般 人数	百分比(%)	不会 人数	百分比(%)	汉语 熟练 人数	百分比(%)	一般 人数	百分比(%)	不会 人数	百分比(%)
祖辈	父亲	67	98.5	1	1.5	0	0	37	54.4	30	44.1	1	1.5
	母亲	67	100	0	0	0	0	33	49.3	27	40.3	7	10.4
父辈	哥哥	51	94.4	3	5.6	0	0	40	74.1	14	25.9	0	0
	弟弟	44	84.6	8	15.4	0	0	39	75	11	21.2	2	3.8
	姐姐	41	85.4	7	14.6	0	0	33	68.8	13	27	2	4.2
	妹妹	31	81.6	7	18.4	0	0	22	57.9	14	36.8	2	5.3
子辈	儿子	15	44.1	16	47.1	3	8.8	28	82.4	6	17.6	0	0
	女儿	14	48.3	13	44.9	2	6.8	25	86.2	4	13.8	0	0

从这个统计来看,通常母语水平的高低与年龄的大小成正比,年纪越大,母语水平越高,年纪越小,母语水平越低。汉语(四川话)水平的高低则与年龄大小成反比,年龄越小,汉语水平越高。祖辈的母语能力最好,父辈次之,子辈的母语能力严重衰退。祖辈被试者全都掌握母语,平时基本上都使用母语,他们是母语能力最好的群体。父辈被试者基本上掌握母语,子辈被试者母语能力下降,尤其是青少年,母语能力下降很明显。随着年龄的减小,母语能力明显下降,一小部分少年儿童会母语,大部分少年儿童只会少量的日常招呼语等,还有一部分已经不会说也听不懂母语了。这些少年儿童的第一语言已不是彝语,而是汉语方言四川话。从以上分析来看,祖辈和父辈是掌握母语的主要群体,子辈的母语能力已大大减弱。语言的生命只存在于人类社会对它的使用过程中,语言的使用者是语言变化的执行者和体现者,语言使用者为了满足自身交际的需要,会不断调整、重构自己的语言,以适应交际环境。

语言的使用者年龄越小,这种语言生命力越强,反之,一种语言的使用者年龄不断增高,这

种语言的活力正在衰退。当一种语言不再被儿童学习和使用,也就是这种语言将不再被传承和使用,那么它将可能退出交际舞台。

表 5-2　田坝片区家庭内部语言使用情况

交际双方	交际语言	田坝彝语 人数	田坝彝语 百分比(%)	汉语 人数	汉语 百分比(%)	双语（田坝彝语和汉语）人数	双语（田坝彝语和汉语）百分比(%)
长辈对晚辈	父母对子女	51	72.8	2	2.9	17	24.3
长辈对晚辈	祖辈对孙辈	53	75.7	2	2.9	15	21.4
晚辈对长辈	子女对父母	50	71.4	2	2.9	18	25.7
晚辈对长辈	孙辈对祖辈	52	74.3	4	5.7	14	20
同辈之间	兄弟姐妹之间	43	61.4	6	8.6	21	30
同辈之间	父母之间	56	80	2	2.9	12	17.1
同辈之间	(外)祖父母之间	55	78.5	2	2.9	13	18.6
客人来访	亲戚	32	45.7	4	5.7	34	48.6
客人来访	干部	8	11.4	15	21.5	47	67.1
客人来访	老师	3	4.3	24	34.3	43	61.4
客人来访	陌生人	10	14.3	10	14.3	50	71.4
客人来访	熟人	22	31.4	6	8.6	42	60

从表 5-2 结果可以看出:父母对子女、祖辈对孙辈、子女对父母、孙辈对祖辈、父母之间以及(外)祖父母之间在家庭内部 70% 以上都使用母语来交流。兄弟姐妹之间有 61.4% 的人用母语交流,有 30% 的人用双语交流。

来访客人如果是陌生人,有 14.3% 的人用母语或汉语交流,有 71.4% 的人用母语和汉语交流;如果来者是亲戚,则大部分人选择使用母语(45.7%)或双语(48.6%)进行交流;如果来者是熟人,有 60% 的人用双语交流,31.4% 的人用母语交流;如果来者是干部或老师,则有半数以上的人用双语来交流,其次是汉语,只有少部分人用母语来交流。

这些调查结果说明,家庭成员之间以母语交流为主,只有很少一部分用母语、汉语双语交流。而面对家庭来访者则是因人而异,亲戚来访时差不多使用母语和双语的人各占一半,少部分用汉语;干部、老师、熟人或陌生人来访时多数用双语交流。

受田坝通用语言汉语四川话的介入和强烈影响,田坝彝语在一些社会领域的使用机会受到限制,在社会交际中尤其是在年轻人交际中的作用明显下降。彝语几乎仅限于家庭内部使用。

从以上统计分析来看,在日常生活中,中老年人倾向于母语,年轻人倾向于汉语,也就是说,在田坝片区,大多数年轻人放弃母语选择汉语作为自己的首要交际工具。据此,我们或许可以这样推测,汉语在现在的子辈中占据优势,在子辈的子辈、孙辈中将会占据更大的优势。

二、彝族城乡青少年语言使用比较

需要说明的是,表 5-3 和表 5-4 中的统计结果是我们根据典型抽样调查获得的,被试者以在校学生为主,因此主要对文化层次较高的少数民族语言人有代表性。调查对象或出自城镇,或来自农村,他们与本民族广大群众有着直接的或血缘上的联系,加之调查对象涉及几代人,统计将调查对象按照地区不同分别记录,通过比较,在一定程度上能够代表甘洛境内彝族语言使用的发展趋势。

表 5-3　城乡三代人语言使用情况统计表(%)

地区	语言人	彝语	汉语	彝语和汉语
城镇	祖父	3	3	94
	祖母	19	3	78
	父亲	0	3	97
	母亲	6	10	84
	被试	0	9	91
乡村	祖父	10	0	90
	祖母	24	0	76
	父亲	4	0	96
	母亲	21	0	79
	被试	0	0	100

从表 5-3 可知,第一代(即被试的祖辈),彝语单语人城镇占 3%、乡村占 10%,彝汉双语人城镇占 94%、乡村占 90%;在被试的祖母中,彝语单语人城镇占 19%、乡村占 24%,彝汉双语人城镇占 78%、乡村占 76%。第二代(即被试的父母),彝语单语人城镇占 0、乡村占 4%,彝汉双语人城镇占 97%、乡村占 96%;在被试的母亲中,彝语单语人城镇占 6%、乡村占 21%,彝汉双语人城镇占 84%、乡村占 79%。第三代被试本人中,彝语单语人城镇为 0、乡村为 0,彝汉双语人城镇占 91%、乡村占 100%。在彝族第三代语言人中,城镇青少年有 9% 为汉语单语人,双语人逐代增加,而乡村青少年 100% 为双语使用者,尚无汉语单语现象。

从家庭内部语言使用特点看,城镇与乡村的第三代(即青少年)家庭语言的使用特点都有了明显的变化,尤其是城镇的变化更为突出。详见表 5-4:

表 5-4　城乡三代人家庭内部语言使用情况统计表(%)

地区	语言人		彝语	汉语	彝语和汉语
城镇	长辈对晚辈	父母对被试	31	19	50
		祖辈对被试	81.5	6	12.5
	晚辈对长辈	被试对父母	28.1	37.5	34.4
		被试对祖辈	56	25	9
	同辈之间	被试与兄弟姐妹	15.6	53.1	31.3
		父母之间	56.2	12.5	31.3

(续表)

乡村	长辈对晚辈	父母对被试	78.8	0	21.2
		祖辈对被试	90.9	0	9.1
	晚辈对长辈	被试对父母	72.7	2	24.3
		被试对祖辈	87.9	3	9.1
	同辈之间	被试与兄弟姐妹	64.2	7	28.8
		父母之间	87.9	0	12.1

由表5-4可知：

1. 彝族第一代（即被试的祖辈）对被试本人使用彝语单语的城镇占81.5%、乡村占90.9%，使用彝汉双语的城镇占12.5%、乡村占9.1%，城镇和乡村差别并不明显，第一代的语言使用变化不大；而第二代（即被试的父母）对被试本人使用彝语单语的城镇占31%、乡村占78.8%，使用彝汉双语的城镇占50%、乡村占21.2%。由此可知，第二代彝族长辈对晚辈使用彝汉双语的比例要高于第一代长辈对晚辈使用彝汉双语的比例，并且城镇第二代彝族长辈对晚辈使用彝语的比例已远远小于乡村第二代长辈对晚辈使用彝语的比例。

2. 第二代（即被试的父母）之间使用彝语单语的城镇占56.2%、乡村占87.9%，使用汉语单语的，城镇占12.5%，乡村中为0；使用彝汉双语的城镇占31.3%、乡村占12.1%；第三代（即被试本人与兄弟姐妹之间）使用彝语单语的城镇占15.6%、乡村占64.2%，使用汉语单语的，城镇占53.1%、乡村占7%；使用彝汉双语的城镇占31.3%、乡村占28.8%。由此可知，第三代彝族同辈之间使用彝语的比例已远远小于第二代同辈之间使用彝语的比例，同时第三代城镇的彝族同辈之间（即青少年之间）使用汉语的比例增加，乡村青少年之间仍以彝语为主要交际语言。

在农村，使用汉语单语的现象仅出现在青少年对长辈说话及同辈之间的交流，并且比例极小，属于个别现象，这说明在青少年一代，农村彝族尚保持着家庭内部彝语使用的优势地位。在城镇，值得注意的是，有19%的城镇彝族父母与被试在家庭中只使用汉语。从调查中我们获悉，一部分文化程度较高的家长会有意识地在家庭内部使用汉语甚至普通话，这种家庭虽然所占比例不高，但这种现象反映了人们对学习和掌握汉语的愿望，代表了甘洛城镇彝族语言人的一种心理和行为倾向。

甘洛县彝族几代人在家庭内部语言使用方面出现了这样一种总体趋势：由操本族母语向使用双语过渡，且城镇过渡的速度远远快于乡村。在这一过程中，又有从"彝—汉"型（即以本族语为主，汉语为辅）双语向"汉—彝"型（即以汉语为主，本族语为辅）双语过渡的趋势。数据结果显示，乡村第三代青少年仍处于"彝—汉"双语使用的阶段，城镇第三代青少年的语言正在由兼用汉语向单用汉语转变。这种趋势的出现是历史发展的必然结果，说明汉语在各民族交往中以及少数民族语言人的社会生活中发挥着越来越重要的作用。然而，我们不能就此认为少数民族语言将会很快失去作用。这是因为语言功能的发展变化受多种因素的制约。首先从汉语看，在甘洛这个汉化程度比较深的地区，尽管汉语的使用很普遍，作为族际交际语，任何一种少数民族语言都不具备汉语的优势,但是应当看到,汉语的功能具有层次性、区域性的特点。其次从少数民族语言看,由于人口比例、民族分布、地理环境、经济、文化和教育的发展状况,以及其他历史因素的制约,不同民族的发展很不平衡,不同民族语言的使用也存在着功能上的差异。我们在调查中还发现了一种很有特点的语言使用情况,即在一些乡村地区,有不少年龄很小的汉族儿童能够用彝语熟练地与当地的彝族交流,有些孩子甚至会读写彝文,而他们的父母甚至年长的兄弟姐妹却根本不懂彝语。通过调查我们得知,这些乡村的彝族人口多、分布集中,彝族青少年之间基本上都是用本族语交流,学校教育对彝语学习也抓得很紧,因而当地的汉族青少年在日常交往中受他们彝族伙伴们的影响,以及在学校受彝语教育的影响,很自然地习得了彝语听说读写的能力。

第二节　甘洛彝族青少年的语言态度和语言行为

一、甘洛彝族青少年语言态度和语言行为调查

甘洛彝族一部分人在语言使用上表现出保守的心态。他们对从外地回来的一些青年不讲本地彝语只讲汉语表示不可理解。田坝片区前进乡跑马三组的马姓村民(男,46岁,彝族)说:"我没有读过书,不会讲汉语,只会说彝语。我认为彝语比汉语更好、更容易学,对我们来说彝语更重要。"在我们调查的前进乡、胜利乡、田坝镇的彝族中,有这种想法的不少。特别是年龄在四五十岁以上者较多有这种看法,他们对自己民族的语言感情很深,他们希望自己的子女及后代会说彝语,他们认为不会彝语就是忘本。

彝族的青少年在语言使用上则表现出开放的心态,主动学习其他民族语言。这部分人认为彝语使用范围较窄,在上学和找工作中不会汉语是不行的,因此他们希望把汉语学好。

我们设计了下面有关调查语言态度的问卷:

1. 您认为学习和掌握汉语有用吗?

　　A. 很有用　　B. 有些用　　C. 没有用

2. 您认为学好汉语是为了(按重要程度依次标出顺序):

　　A. 找到好的工作,得到更多的收入

　　B. 升学的需要

　　C. 便于与外族人交流

　　D. 了解汉族文化

　　E. 其他目的,请注明:＿＿＿＿＿＿＿＿。

3. 您认为学习和掌握彝语有用吗?

　　A. 很有用　　B. 有些用　　C. 没有用

如果第3题选择A或B,请回答第4题

4. 您认为学好彝语是为了:(按重要程度依次标出顺序)

    A. 找到好的工作,得到更多的收入

    B. 升学的需要

    C. 便于与本族人交流

    D. 了解本族文化

    E. 其他目的,请注明:_____。

5. 您是否希望彝族人都成为彝语、汉语双语人?

    A. 迫切需要   B. 顺其自然   C. 无所谓   D. 不希望

6. 您是否希望彝族人都成为彝语单语人?

    A. 迫切需要   B. 顺其自然   C. 无所谓   D. 不希望

7. 您是否希望彝族人都成为汉语单语人?

    A. 迫切需要   B. 顺其自然   C. 无所谓   D. 不希望

8. 如果有人在外地学习或工作几年后回到凉山,不再愿说家乡话或者是彝语,您的态度是?

    A. 可以理解   B. 反感   C. 听着别扭   D. 不习惯   E. 无所谓

9. 您希望本地广播站使用什么语言广播?

    A. 普通话   B. 彝语   C. 当地汉语方言   D. 普通话和彝语   E. 无所谓

10. 您是否赞成少数民族地区的广告、招牌、标语使用少数民族文字?

    A. 赞成   B. 不赞成   C. 无所谓

我们在田坝社区发放了70份问卷,调查结果显示:

(1)有85.2%的青少年认为学习和掌握汉语很有用,只有1.9%的人认为学习和掌握汉语没有用;有68.6%的青少年认为学习和掌握母语很有用,也有1.4%的人认为学习和掌握母语没有用。这说明甘洛彝族青少年在语言使用上呈现出开放心态,他们愿意学习和掌握汉语,同时也对自己的母语存在的价值表示肯定。

(2)有44.4%的青少年认为不会汉语就会找不到好的工作,有38.9%的人认为不会汉语就会影响社会交往,其中只有11.1%的人认为不会汉语就会被人看不起,5.6%的人认为不会汉语就会跟不上社会潮流。这说明大多数人学习和掌握汉语是为了今后自身的发展,特别是对于青年人和学生来讲尤为突出。

(3)有88.6%的青少年迫切希望本族人成为母语和汉语都会的双语人,有11.4%的人对本族人成为母语和双语都会的双语人抱着顺其自然的态度,这说明田坝彝族人绝大多数青少年希望自己成为母语和汉语都会的双语人,这也表现出今后使用彝语的人会越来越多地朝着双语人的方向发展,这也是社会发展不可阻挡的必然趋势。

(4)有85.7%和87.1%的青少年不希望本族人成为母语和汉语单语人,也有少数人表现出顺其自然,更少人则抱着无所谓的态度,这进一步证实了有更多的人希望成为双语人的愿望。有 41.7% 的青少年对会说母语而不说的人表现出反感的态度,有 27.8% 的人则认为可以理解,这说明母语的使用仍然是他们交际的首选,一方面反映出深厚的民族情结,另一方面也表现出越来越多的人开始接受使用汉语这一现实。

(5)对本地广播使用什么语言的调查结果是:28.2% 的青少年希望用普通话,28.2% 的人希望用普通话和母语,22.5% 的人希望用当地汉语方言,也就是说有 78.9% 的人希望本地广播用汉语广播,这表现出多数人会汉语或者对学习汉语有很高的积极性。

(6)有 87.5% 的青少年赞成少数民族地区的广告、招牌、标语使用少数民族文字,有 12.5% 的人表示很难说,有少数人不赞成或表现出无所谓的态度,这说明绝大多数人是赞成使用民族文字的,其中包括会民族文字以及不会民族文字的。

从整个调查结果来看,大多数青少年对汉语的学习是很迫切的,同时又愿意保留本民族的语言文字。

彝语在甘洛仍将是众多本族人的"挚爱"语言,"会说彝语"在某种意义上是一种标志,无论是出于"维护母语"的忠诚或是借以显示自己的身份,大多数人都强烈地拥护并坚持使用。汉语的学习已经在很大程度上改变了甘洛彝族尤其是青少年的语言生活现状,城镇青少年中甚至已经出现相当一部分转用汉语的现象。因此,在宣传普及普通话的重要性的同时,也不要忽视民族语对于保持文化多样性的重要性,要重视少数民族地区人们的母语感情。对于青少年,学校是加强少数民族语的重要阵地,只有学校的少数民族语工作做好了,全社会的少数民族语的局面才会有大的改观。学生是一个动态的群体,身体、智力及价值观等方面都处于正在发育阶段,可塑性强,也正因此,对在校学生的语言态度、语言行为进行因势利导,可以收到事半功倍的效果。

二、甘洛彝族青少年语言态度和语言行为分析

第一,汉语在部分城镇青少年语言交际中的主体地位已经确立。在调查中了解到,青少年对汉语的认同度较高,这是学校、社会、家庭等各方面教育和影响的结果。随着甘洛改革开放的不断加深和同国内交往的日益频繁,青少年语言观念发生了重大的变化,营造一个更具有包容性和开放性的语言环境已逐步成为全社会的共识。此外,汉语普通话也越来越得到认可,主要是两方面发挥了重要的作用:一方面,随着政府有关职能部门推广普通话力度的不断加大,共同语逐步普及,普通话在公共场合的使用频率越来越高,从而为学生学讲普通话创造了良好的外部条件;另一方面,学校推广普通话也使在校学生在完成学习任务的同时,对普通话给予了越来越多的关注。

第二,民族聚居地的青少年具备了"双语"能力。调查数据证明,随着甘洛改革开放的不断深入,社会多语制趋势日益凸现,青少年应对不同场合的言语交际能力已明显增长。甘洛学生在不同语言环境中,能以彝语或汉语进行交流,从而达到了解、沟通的目的。

三、问题与建议

本次调查是对甘洛城乡居民语言使用情况的一次规模较大的调研活动。调研结果给人的启示是,社会语言文字环境的建设、居民语言文字素养的提高,基础在学校,重点在青少年。从调查中的各项统计的数字,不仅可以看到多年来各级各类学校增强学生语言文字规范意识、提高学生语言文字应用能力收到的成效,而且还可以看到学校基础作用的有效发挥,对进一步辐射并带动全社会所产生的积极影响。

同时,通过本次调查我们也了解到当前语言文字使用中存在的一些问题。比如,如何进一步提高青少年少数民族语言使用水平;如何规范学生的口头语言,提高学生的双语交际能力;如何全面培养学生的汉语文素养,训练学生良好的听说习惯和语言习惯;如何不断提高学生对母语的重视和认同感等问题。为此,具体提出以下三点应对措施:

第一,积极引导社会树立对少数民族语言问题的正确认识和科学态度。通过调查,我们发现当务之急是要在全社会树立正确的语言发展观。这就需要有关职能部门在加速推广国家通用语言普通话的同时,切实保护好正在发生剧烈变化的少数民族语,从而增强语言的交际功能和社会活力,使社会语言生活继续呈现统一多样的良好状态。为此,除了加强学校的双语教育,还需加强宣传力度,使广大居民关注、重视民族语的保存和传承问题,树立科学的语言观,正确把握民族语同汉语、汉语与外语的关系,为青少年建立一个以国家通用语言文字为主体、多语(言)并存的和谐语言生活环境。

第二,正确把握国家的语言政策。在对语言规范观和语言发展观的认识和反思中,政府有关职能部门应当根据语言文字法律法规的有关规定,通过开展创建语言文字规范化对学校语言文字使用进行评估等活动,加强引导和培训,从而进一步提高各级语委、各级各类学校正确把握国家语言文字方针政策的能力和水平。学校在推广普及普通话的过程中,在确立普通话主体地位的同时,要正确处理好普通话和民族语言之间的关系。为此,学校可以结合乡土文化教育,在中小学拓展型课程中,向学生传授一定的汉语知识,但不对学生进行汉语能力的教学,不给学生增加额外的语言学习负担,不给社会增加额外的教育成本。目前,这些措施都引起了社会、学校、家庭对学生语言文字能力和水平的关注和重视。

第三,认真落实以培养青少年语言交际能力为重点的提高学生语言文字能力的工作。社会各界要努力营造使用民族语的氛围,特别是各级各类学校要坚持"各科用汉语文教学,同时开设民族语文课""各科用民族语文教学,同时开设汉语文课"的两种教学体制并举的方针。从而使学生在良好的语言环境中不断提高民族语的表达能力和应用水平。为此,学校应充分发挥语文课在普及普通话中的渠道作用,在不断重视提高学生语言文字应用能力的同时,切实改变重知识、轻能力的倾向,为全面提高青少年与人相处、与人交流、与人合作时所需的语言修养和语言素质服务。

第六章　甘洛藏语尔苏话使用现状及成因

第一节　甘洛尔苏藏族概况及藏语尔苏话特点

尔苏藏族是凉山地区的土著居民,主要分布于四川的甘洛、越西、汉源、石棉、冕宁、木里和九龙7个县,总人口2.5万人。截至2007年,甘洛县尔苏藏族共有4183人,其中人口上千的乡镇只有蓼坪乡(1055人)和则拉乡(1031人)。"尔苏"(Ersu)是自称,也称"布尔日",还可以连称"布尔日－尔苏"。"尔"(Er)是"白"的意思,"苏"(Su)是"人"的意思,"尔苏"意为"白人"。有的地方则自称"鲁苏""多续"或"里汝(栗苏)"。居住在甘洛、越西、汉源的自称"尔苏",冕宁县东部地区的自称"多续",分布在石棉蟹螺乡的自称"鲁苏",分布在九龙、木里以及冕宁西部地区的自称"栗苏"。历史上汉族称他们为"西番""番族",他们用汉语时也多自称"番族",当地彝族称他们为"俄助"(Opzzup)。甘洛县的尔苏藏族在第三次人口普查之后的一段时间,户口和身份证上均使用"番族"。1990年全国第四次人口普查的时候,甘洛县的尔苏人正式被确定为藏族。

一、尔苏藏族的姓氏

新编甘洛县志,称尔苏藏族是当地的土著民族,从一些口碑资料和县内地名得知他们曾占有甘洛的大片土地。尔苏藏族在清朝和民国时期已纳入地方政权直接管辖,但内部一直都保存着较严密的氏族血缘组织,藏语尔苏语称为"德[de^{33}]",意思是一家人,一个家族。"德"又分为族姓"德"和家姓"德"。如:吉玛阿牛格日德,是族姓的"德"。在这个"德"下又分为:色吉巴加、色吉洛壹等几个分支。他们认为"德"是同一祖宗分下来的几兄弟。"德"都源于某祖先的名字,尔苏藏族按"德"聚居,像"吉玛家的错洛支"住则洛乡的凉山地,"依萨家的郎博支"住则洛乡的大埔村,"俄足瓦布家的昂古支"住清水塘。甘洛境内的大"德"有吉玛德、皮泽班尔德、依萨说若格日德、俄足洼布德。大"德"无紧密的联系和约束关系,一般在"德"内是不开亲的。分支"德"则有定规,并产生叫"苏科"和"尔扎"的大小头人,头人全靠人格魅力,以德服人,他们主要协商处理"德"内和"德"外的有关事宜。有专门关于"德"的会议,叫"盟呷",还有专门的开会议事场地。"盟呷"的议题主要有三项:一是安排"德"内的生产和公有地的生产分配,讲解、传承传统的规矩和一些生产知识;二是专门处理"德"内发生的重大事情;三则商议和决定对外的重大事情。

尔苏藏族都取有汉族姓氏,如色吉巴加、色吉洛壹均取姓王。蓼坪乡清水村二组(45户,

286人)的尔苏藏族主要为王、周和杨三姓。尔苏藏族过去有两种等级,原是"尔苏"血统的称"撒"(即主人),其他民族投靠或买来的仆人称"屋尔[veɹ⁵⁵]","屋尔"一般都跟主子姓。据说当年石达开兵败大渡河后,许多太平天国士兵流落民间,有一部分进入尔苏藏族聚居区为奴,被称作"长毛"。在清水村就有一家唐姓汉族,后来发展到一百多人。近年来,被称作"屋尔"的人很多已搬到眉山等汉区,现在清水村仅剩两户人。新中国成立后,"尔苏"等级制度自然消失。

二、尔苏藏族的节日

尔苏藏族有自己的一些独特的节日。主要有"尔苏年",藏语尔苏话叫"布渣卓",一般在农历的冬月初一过"尔苏年",过去的布渣卓节日隆重。"射箭节",藏语尔苏话叫"措乃屋",是为纪念古时英雄车莫阿嘎发明弓箭、教人狩猎的节日。节日定在农历三月初一。各地各村寨以村庄为单位过节,现在新市坝镇辖区的尔苏藏族在县城的民族体育场举行活动。届时各有关乡镇都要组织代表团参加,还要请有关的尔苏藏族领导和相关县的尔苏藏族人参会。参加节日活动的人们齐聚体育场,捧出美酒敬奉神灵,祝愿村寨平安,风调雨顺,获得丰收。然后按年龄、辈分依次从竹竿内吸饮泡酒,英武的年轻人拉弓放箭,射向一处画有鬼头的靶子,号称如能射中靶心,年内将会喜得贵子。姑娘们则载歌载舞,尽情享乐。传统节日焕发出新的生命力。

尔苏藏族也要过"火把节"点火把,藏语尔苏话叫"折朵屋",传说是烧从天上下来危害庄稼的虫,时间是农历六月十六、十七、十八三天。2006年7月13日我们来到蓼坪乡清水村二组时,正值他们欢度"火把节",每家每户都请我们喝特制的美酒。"还山鸡节",藏语尔苏话叫"琅玕比[ra⁵⁵gæ⁵⁵pse³³]",时间为农历九月初一。有的地区是在农历八月份。届时每家都要带上一只白公鸡、一斤酒、一个煮熟的鸡蛋和用新荞麦做成的荞麦面饼,到山上选一棵树祭拜,虔诚地向山神祷告,感谢山神把平安、欢乐和丰收撒向人间,祝福来年人畜兴旺、五谷丰登。鸡肉供完带回家,只能自己家的人享用。每年时间一到,居住甘洛海棠、坪坝、蓼坪、团结等乡镇的尔苏藏族群众都会身着节日的盛装,聚集在村头寨尾,怀着丰收的喜悦,以祭祀、歌舞等传统形式欢度一年一度的还山鸡节。

尔苏藏族都有唱歌的天赋,我们在清水村就看到很多年轻人都能唱各式各样的歌,包括传统的和现代的。甘洛县委宣传部的尔苏藏族干部杨德隆告诉我们,"尔苏"是有酒必歌的民族,对歌时常通宵达旦,甚至可唱三天三夜,歌唱的内容涉及万物的起源。

三、尔苏藏族的语言和文字

尔苏藏族使用的语言被称为"尔苏语",或者叫藏语尔苏话。藏语尔苏话分三个方言,方言之间差别很大,使用东部方言(即尔苏方言)的分布在石棉、汉源、甘洛、越西一带,约有一万三千人。使用中部方言(即多续方言)的分布在冕宁的东部地区,约有三千人。使用西部方言(即里汝方言)的分布在木里、九龙两县,约八千人。尔苏藏族中讲不同方言的人彼此很难交际。

语言学家孙宏开指出"尔苏语"属汉藏语系藏缅语族,其基本词汇和语法结构与"羌语支"语言最为接近,应属于"羌语支"。藏缅语族中"羌语支"是否可以独立存在一直困扰着语言学界,从20世纪70年代后期,"藏彝走廊"的"历史遗留"语言陆续被语言学家们披露出来,孙宏开先生等最初确定了七种应该属于"羌语支"的语言。1999年11月台湾中研院语言学研究所召开了"藏缅语族羌语支语言"研讨会,认为新发现的"羌语支"语言有极高的学术价值,它们包括:羌语、嘉戎语、拉坞戎语、霍尔-上寨语、却域语、札坝语、贵琼语、尔苏语、纳木依语、史兴(旭米)语、木雅语、普米语等,都分布在"藏彝走廊"东部地区,使用人数多半仅为两三千至一两万。除羌、普米两族外,其他语言的使用者在20世纪50年代后相继划属为藏族。使用藏语尔苏话的人口约有两万五千多人。

(一)藏语尔苏话的语音

孙宏开先生在《中国的语言》[①]一书中记录的"尔苏语"语音如下:

1. 声母

单辅音声母共42个。如下:

p	t				k	
ph	th				kh	
b	d				g	
m	n			ṇ	ŋ	
	ts	tʂ	tʃ	tɕ		
	tsh	tʂh	tʃh	tɕh		
	dz	dʐ	dʒ	dʑ		
	l					
	ɬ					
	r					
f	s	ʂ	ʃ	ɕ	x	h
v	z	ʐ	ʒ	ʑ		
w			j			

例词:

p	pu⁵⁵	土豆	ph	phu⁵⁵	变(脸)
b	bu⁵⁵	茎	m	mo⁵⁵mo⁵⁵	老
w	wo⁵⁵	个(量词)	f	fu⁵⁵	蒜
v	vu⁵⁵	酒	ts	tsu⁵⁵	沸,开

[①] 孙宏开、胡增益、黄行主编,《中国的语言》,商务印书馆,2007,第950—968页。

tsh	tshu⁵⁵	开始	dʐ	dʐu⁵⁵	锥子
s	su⁵⁵	人	z	zu⁵⁵	鱼
t	tɑ⁵⁵	旗子	th	thuɑ⁵⁵	骡子
d	do⁵⁵sɛ⁵⁵	眼珠	n	nuɑ⁵⁵	彝族
l	lo⁵⁵	(斤)两	ɬ	ɬɛ⁵⁵ɬɛ⁵⁵	涮
r	ru⁵⁵	剃(头)	tʂ	tʂu⁵⁵	汗
tʂh	tʂhu⁵⁵	六	dʐ̩	dʐ̩o⁵⁵	锅
ʂ	ʂu⁵⁵	结婚	z̩	z̩u⁵⁵z̩u⁵⁵	窄
tʃ	tʃo⁵⁵	煮	tsh	tshu⁵⁵	开(门)
dʒ	dʒu⁵⁵	腰	ʃ	ʃu⁵⁵	黄
ʒ	ʒu⁵⁵	套	tɕ	tɕo⁵⁵	还
tɕh	tɕhu⁵⁵	捆(量词)	dʑ	dʑo⁵⁵	推
ȵ	ȵo⁵⁵	铜	ɕ	ɕo⁵⁵	扫,借
ʑ	ʑo⁵⁵	下(雨)	j	jo⁵⁵	绵羊
k	ku⁵⁵	舀	kh	khu⁵⁵khu⁵⁵	弯
g	gu⁵⁵	搓	ŋ	ŋɑ⁵⁵	饿
x	xi	竹子	h	hĩ⁵⁵hĩ⁵⁵	闻

2. 韵母

(1) 单元音韵母有 17 个。其中有 9 个单纯元音：i、ɛ、a、ɑ、o、u、ə、y、ɿ。有 6 个鼻化元音：ĩ、ã、ɑ̃、ũ、ə̃、ỹ。有两个卷舌元音：aʵ、əʵ。

例词：

i	tshi⁵⁵	山羊	ɛ	xɛ⁵⁵	香
a	xa⁵⁵	有(树)	ɑ	tshɑ⁵⁵	件
o	ntsho⁵⁵ɬo⁵⁵	跳蚤	u⁵⁵	tshu	开始
ə	xə⁵⁵mo⁵⁵	舅舅	y	y⁵⁵thəu⁵⁵	芋头
ɿ	tshɿ⁵⁵	盐	ĩ	tɕĩ⁵⁵tɕi⁵⁵	经济
ã	ɕã³³tʃã⁵⁵	县长	ɑ̃	tɑ̃⁵⁵yɑ̃⁵⁵	党员
ũ	tsũ⁵⁵li⁵⁵	总理	ə̃	tʂə̃³³fu⁵⁵	政府
ỹ	ỹ⁵⁵tũ⁵⁵	运动	aʵ	maʵ⁵⁵	吹
əʵ	əʵ⁵⁵	白			

(2) 复元音韵母有 23 个。其中后响的复元音韵母有 14 个：iɛ、iɑ、io、iā、iã、ui、uɛ、uɑ、uā、uã、uõ、uaʵ、yɛ、yã；前响的复合元音韵母有 6 个：ɛi、ai、əi、au、əu、ou；三合元音有 3 个：uai、iui、iəu。大部分复元音都能出现在固定词中，少数只出现在汉语借词中，如：yã、iəu、iau 等。复元音 uɑ 有时可读为[ɔ]。

例词：

iɛ	khoᵘ⁵⁵ tshiɛ⁵⁵	累	iɑ	xiɑ⁵⁵ mɛ⁵⁵	大头蝇	io	xio⁵⁵	粥
iɑ̃	iɑ̃³³	鸭子	iɑ̃	liɑ̃³³ khuai³³	凉快	ui	gui³³	很
uɛ	kuɛ³³ tɕɑ⁵⁵	国家	uɑ	guɑ³³	雨	uɑ̃	thuɑ̃³³ yɑ̃³³	团员
uɑ̃	uɑ̃	鹅	uə	khuə̃⁵⁵ mĩ³³	昆明	uɤ	ŋuɤ⁵⁵	银子
yɛ	yɛ³³ ndʐɛ⁵⁵	自由	yɑ	tɑ⁵⁵ yɑ⁵⁵	党员	ɛi	jo⁵⁵ tsɛi⁵⁵	自己
ɑi	tsɑi⁵⁵	真的	əi	xəi⁵⁵	锡	ɑu	phɑu⁵⁵	炮
əu	y⁵⁵ thəu⁵⁵	芋头	ou	z̩ou⁵⁵	碗	uɑi	suɑi⁵⁵ ɬɑ³³	三月
iɑu	ʂəu⁵⁵ piɑu⁵⁵	手表	iəu	liəu³³	刘（姓）			

3. 声调

"尔苏语"只有两个声调：一个高平，调值为 55；一个中平，调值为 33。在语流中因受语调的影响，高平常变成高降，中平常变成中升。

例词：

高平：ntɕho⁵⁵ 拍　　　tshɛ⁵⁵ 喝　　　ndʐɑ⁵⁵ 炒

中平：ntɕo³³ 生姜　　tshɛ³³ 洗　　　ndʐɑ³³ 汉族

4. 音节

由于"尔苏语"没有辅音韵尾，因此只有开音节，没有闭音节。音素结合为音节共有 9 种形式，其中 3、4、7 三种出现的频率最高（C 代表辅音，V 代表元音）：

1. V　ə⁵⁵　白　　　2. C̩　ŋ̍⁵⁵　啼　　　3. CV　tshi⁵⁵　山羊

4. CCV　ntho⁵⁵　滴　　5. CCVV　nguɑ⁵⁵　锦鸡　　6. CCCV　nphsɿ⁵⁵　吐

7. CVV　kuɑ⁵⁵　脱　　　8. CVVV　xuɑi⁵⁵　鸟　　9. VV　iɑ̃³³　鸭子

也有人认为"尔苏语"有 82 个声母，其中单辅音声母 42 个，二合复辅音声母 38 个，三合复辅音声母两个；韵母 41 个，其中单元音韵母 15 个，二合复元音韵母 15 个，三合复音韵母两个，带鼻辅音韵尾的韵母 9 个；有 5 个声调，调值为 55、42、53、21、314。音节结构有十种类型，其中单音素成音节的三种，四音素成音节的一种，三音素成音节的三种，四音素成音节的四种。

（二）藏语尔苏话的词汇和语法

藏语尔苏话的词汇是比较丰富的。尔苏藏族杂居于汉、彝等民族之中，但他们使用的语言词汇对羌语支语言来说，借词的比例相对当地是比较小的。藏语尔苏话的基本词汇大都是单音节的，多音节的单纯词很少。藏语尔苏话构词的方式有多种，其中以派生法、重叠法和合成法最为能产。

藏语尔苏话是个有形态的语言。词序、助词、形态手段都是表达语法范畴所不可缺少的。藏语尔苏话的句子里有主语、谓语、宾语、定语、状语和补语。句子的基本语序是主—宾—谓。

名词、代词做定语放在中心词前面。形容词、数量词组、指量词组做定语放在中心词后面。状语的位置较灵活，一般都放在谓语前，有时可以放在宾语前，有时甚至可以放到主语前面去。补语一般在谓语的前面。单句根据语气一般有陈述、疑问、命令、祈使、判断、惊叹等多种类型，复句根据各分句之间的关系，可分为并列和偏正两种。在此不一一赘述。

（三）尔苏藏族的文字

尔苏民间信仰传承人有三种：书瓦［ʃu³³vəɹ³³］、沙巴［ʂa³³pa³³］和哇姆［ŋuə³³mo³³］。他们都是祭司，各有分工。其中沙巴从事打卦、历算、驱鬼、祭祀和医术等，他们世代相传一种用以卜卦的手抄彩色图画文字，俗称"沙巴文"。尔苏人称这种沙巴文为"扎拉玛"，传说还有一种比沙巴文更简明的文字叫"米朵曼"，但这种文字已失传。尔苏藏族的沙巴文大约有两百字，起源于何时，由谁创制，无确切记载。

尔苏沙巴文的形体与它所代表的事物有明显的一致性，人们可以从单字体推知它所代表的事物；有少量的衍生字和会意字；用不同的颜色表达不同的附加意义，常在文字中配用黑、红、蓝、绿、黄等颜色来表示不同的字义；无固定的笔顺和书写格式，但有时为了说明时间顺序，根据内容需要，在一个复杂的图形中，将单字按左下、左上、右上、右下、中间的顺序排列；不能准确地记录尔苏藏族人的语言。单字体和语言里的词和音节不是一对一的关系，往往一个字读两个音节或三个音节，有的字需要用一段话才能解释清楚。

尔苏沙巴文其实就是象形文字，其表达功能系统还很不完备。它属于刚刚跨入文字行列的原始图画文字。甘洛尔苏藏族沙巴使用的"扎拉玛"图画文字，据说目前保留的有十多种文献，内容涉及历史、宗教、天象、历法、医药、语言等许多方面，可惜有些文献早已失传，现在许多尔苏藏族人都没有见过。

第二节 藏语尔苏话是甘洛尔苏藏族最重要的交际工具

甘洛县的尔苏藏族长期以来和彝族、汉族生活在共同的区域，但他们一般是近亲同宗生活在同一村落，蓼坪乡的清水村、小河村和腊岱村是尔苏藏族高度聚居的行政村。我们选择了4个自然村寨作为调查点进行调查，逐一统计了一些家庭每位成员的姓名、性别、年龄、民族、文化程度、藏语尔苏话及汉语、彝语的语言能力。这4个村寨是尔苏藏族的主要聚居村寨，这里尔苏藏族人口占绝大多数，藏语尔苏话保存最好。各村的使用特点也比较一致。

甘洛藏语尔苏话使用的基本特点是：1.藏语尔苏话是尔苏藏族日常生活中最重要的交际工具。2.藏语尔苏话仍然具有较强的活力，但在不同村寨、不同年龄段、不同场景的使用中有一定差异。

下面介绍藏语尔苏话的使用情况:

(一) 4个村寨的藏语尔苏话使用情况考察

调查对象是6岁以上、有正常语言能力的人。具体情况如下:

表 6-1

调查点	调查人数	熟练		一般		不会	
		人数	百分比(%)	人数	百分比(%)	人数	百分比(%)
清水村	258	258	100	0	0	0	0
正西村	240	235	97	5	3	0	0
腊岱村	156	152	97	4	3	0	0
依子村	58	56	96	2	4	0	0
合计	712	701	98	11	2	0	0

从表6-1可以看出,4个调查点的藏语尔苏话使用情况非常一致。表现在两个方面:一是各村寨熟练使用藏语尔苏话的比例都很高,平均值是98%。其中,高度聚居的清水村的"熟练"程度比例最高,达100%。二是各村寨不会藏语尔苏话的人数为零。绝大多数人熟练使用藏语尔苏话的事实表明,现阶段藏语尔苏话仍然保持着强劲的生命力。调查组在清水村调查时,所见村民无论在家庭,还是村寨的公共领域,都使用藏语尔苏话打招呼、聊天闲谈。很显然,藏语尔苏话在尔苏藏族群众的日常生活中是最重要的交际工具。

(二) 不同年龄段的人的藏语尔苏话水平考察

1. 50岁以上

表 6-2

调查点	调查人数	熟练		一般		不会	
		人数	百分比(%)	人数	百分比(%)	人数	百分比(%)
清水村	82	82	100	0	0	0	0
正西村	86	86	100	0	0	0	0
腊岱村	40	40	100	0	0	0	0
依子村	16	16	100	0	0	0	0
合计	224	224	100	0	0	0	0

50岁以上这一年龄段的尔苏藏族的藏语尔苏话水平都达到"熟练"级别,在日常生活中,他们十分乐意并且习惯于使用藏语尔苏话。他们多数会说汉语,文化程度多是文盲或初小,清水村有少数单语人,不会说汉语。

2. 21—50 岁

表 6 - 3

调查点	调查人数	熟练 人数	熟练 百分比(%)	一般 人数	一般 百分比(%)	不会 人数	不会 百分比(%)
清水村	106	106	100	0	0	0	0
正西村	82	82	100	0	0	0	0
腊岱村	69	69	100	0	0	0	0
依子村	22	22	100	0	0	0	0
合计	279	279	100	0	0	0	0

21—50 岁的尔苏藏族，他们的藏语尔苏话水平都达到"熟练"级，汉语水平也都达到"熟练"级，没有单语人。文化程度多是小学、初中或高中毕业。在日常生活中主要使用藏语尔苏话。

3. 6—20 岁

表 6 - 4

调查点	调查人数	熟练 人数	熟练 百分比(%)	一般 人数	一般 百分比(%)	不会 人数	不会 百分比(%)
清水村	70	70	100	0	0	0	0
正西村	72	67	93	5	7	0	0
腊岱村	47	43	91	4	9	0	0
依子村	20	18	90	2	10	0	0
合计	209	198	94	11	4	0	0

6—20 岁为学龄段，除了少数孩子外，大多数都在中小学念书。这一年龄段的尔苏藏族的藏语尔苏话水平绝大多数是"熟练"级，但在正西村、腊岱村和依子村，少数族际婚姻家庭的孩子的藏语尔苏话水平是"一般"级，即能听懂和说大部分藏语尔苏话，但使用不是很多。

从上面的调查数据可以看出，中心区不同年龄段的人的藏语尔苏话使用情况比较一致，差异较少，没有出现明显的代际特征，老年和少年都能熟练使用藏语尔苏话。汉语虽然有其重要作用，但藏语尔苏话在日常生活中仍处于主导地位。

（三）不同场合藏语尔苏话的使用情况

语言使用的场合称为"语域"。语言使用者依据不同的场合选择和使用不同的语言。甘洛尔苏藏族人口较少，且长期与彝族和汉族生活在共同区域，他们中的多数人能娴熟地使用藏语尔苏话、汉语和彝语。藏语尔苏话与汉语和彝语的关系既有竞争的一面，也有和谐共处的一面。在不同的使用场合中，究竟选择使用哪一种语言，取决于交际双方的语言能力和交际需要，采访中他们自豪地说"尔苏藏族来说藏语尔苏话，彝族来说彝语，汉族来说汉语"。

下面具体分析一些典型场合语言使用的特点。

1. 家庭内部

（1）族内婚姻家庭以藏语尔苏话为主

族内婚姻家庭的成员一般都会说藏语尔苏话和汉语，但在日常家庭生活中，在田间地头的生产劳作中，在闲时的谈天说地中，祖父母辈、父母辈、子女辈等不同辈分的人之间都用藏语尔苏话交流。家庭成员通过藏语尔苏话接受长辈传授的生产经验、生活常识、风俗习惯和价值观念，藏语尔苏话是他们的第一语言，是他们家庭维系情感的重要纽带。由于处于汉语、彝语的包围中，尔苏藏族都会讲汉语和一些彝语。他们在外面进行社交活动和经济活动时使用汉语或彝语，但回到家中还是说藏语尔苏话。

（2）族际婚姻家庭一般使用汉语或彝语

尔苏藏族一般是族内婚，但也有族际婚姻。如果娶的或嫁的是汉族，因为尔苏藏族通常会讲汉语，而汉族鲜有会讲藏语尔苏话的，因此家庭成员交流都是说汉语。比如，县城里的陈愿一家，父亲是尔苏藏族，熟练使用藏语尔苏话和汉语，母亲是汉族，只会说汉语，两个孩子也只会说汉语。如果娶的或嫁的是彝族，因为尔苏藏族通常会讲彝语，而彝族鲜有会讲藏语尔苏话的，因此家庭成员交流用彝语。比如，沙岱乡目坡村小学老师王海兵，娶的妻子是彝族，王海兵能熟练地使用汉语、彝语和藏语尔苏话，其妻只会说彝语和一些汉语，家庭成员之间就用彝语和汉语，孩子们也会说彝语和汉语。可以看出藏语尔苏话在当地是非强势语言，难以影响到其他民族习得使用。

2. 学校

目前，甘洛县各乡镇已经建立了较完善的九年义务教育体系，包括小学教育和初中教育，学校开设的课程都是用汉语授课，没有开设过专门以学习和掌握藏语尔苏话为目的的课程。近些年来，省、州教委进行教学改革，要求老师使用汉语普通话进行教学，不能使用当地汉语方言进行教学。所以，在学校的课堂教学中，老师和学生说的都是汉语普通话。而在课下，学生之间使用藏语尔苏话、汉语或彝语则因人而异。如果班里彝族学生多则说彝语，如果汉族学生多则说汉语，无论人数多寡，尔苏藏族之间的交流都会选择藏语尔苏话。

3. 乡机关单位

（1）乡政府

蓼坪乡的干部有汉族、彝族和尔苏藏族。各民族干部之间一般都说汉语。乡干部开会时都用汉语发言、做报告、讨论。乡里开村民大会时，乡干部用汉语宣读文件、传达上级指示精神。

（2）邮电所

邮电所是服务性行业，负责村民的信件收发、包裹邮寄等工作，现在许多村民家都安装了电话，邮电所还负责收取电话费。邮电所的职工通常是汉族，调查资料显示村民到邮电所办理业务时都说汉语。

4. 集市、商店

集市和商店是尔苏藏族人进行社会经济活动的场所，因为与汉族和彝族杂居，那里常常汇聚不同的民族和语言。使用哪种语言取决于具体的贸易对象,如果与汉族做生意就说汉语,与彝族做生意就说彝语。

5. 婚丧嫁娶

婚丧嫁娶是重要的民俗活动,是展示民族文化的重要舞台,更是一个民族构建民族认同的文化活动。尔苏藏族有自己特有的婚庆习俗和丧葬仪式,调查资料显示他们在这些活动中只说藏语尔苏话,用母语与不常见的亲友聊天话家常,讲述各种神话、故事、传说和趣闻,这在文化心理上增强了他们民族的原生感情,加强了他们之间的民族认同感。2007年2月6日,调查组在新市坝镇的依子村做问卷调查时,看见村民神色凝重地用藏语尔苏话交谈,我们用汉语询问后才获知县城一位尔苏藏族干部去世了,村里的成年人都要去奔丧,他们为因此无法款待我们调查组一行感到抱歉。我们又随机询问他们在丧事期间的语言使用情况,他们说这种场合只用藏语尔苏话进行吊唁活动,追述死者生前的德行,并用藏语尔苏话哭唱"奔嘎[mbe^{55}ɡa^{55}]"丧歌。

第三节 甘洛藏语尔苏话稳定使用的条件和因素

如上所述,半个多世纪以来,虽然处于汉语和彝语的包围中,藏语尔苏话还能够在尔苏藏族中稳定使用,继续发挥其交际功能和文化认同的作用,这其中的缘由是什么?本节主要分析藏语尔苏话稳定使用的条件和因素。

一、聚居的村落以及与其他民族的融洽关系是藏语尔苏话稳定使用的客观条件

甘洛县的总人口是207057(2007年),其中彝族有148151人,汉族有54531人,藏族人口少,仅有4183人(2007年),占全县人口的2%,主要分布在蓼坪乡(1055人)、则拉乡(1031人)、新市坝镇(756人)、团结乡(465人)、玉田镇(190人),少数人散居在其他乡镇。尔苏藏族人一般是近亲同宗居住在同一村寨。其单一村寨,如蓼坪乡清水村、清林村的住户全是尔苏藏族人。这种聚居状态为藏语尔苏话的稳定使用提供了有利的客观条件。

由于尔苏藏族人口较少,甘洛尔苏藏族聚居村寨被人口众多的彝族和汉族村寨所包围。出于社会经济生活的需要,人口较少的尔苏藏族必须与周围的这些民族进行互动,当地尔苏藏族基本都会说汉语和彝语。语言既是信息工具和载体,也是文化的一部分。语言的这种双重属性决定了尔苏藏族人不仅会使用汉语和彝语,也了解这些民族的文化观念、风俗习惯。而尔苏藏族因为使用彝语与彝族人交流,使彝族人觉得有亲切感,愿意与他们打交道,两个民族之间的关系一直比较和谐融洽,鲜有冲突发生。在特殊历史时期还相互保护。

二、牢固的民族意识和母语观念是藏语尔苏话稳定使用的主要因素

甘洛藏族自称"尔苏",他们使用汉语时自称"番族"。在民族身份被国家正式识别之前,尔苏人被称为"番族"。1990年经过国家正式的民族识别把他们划为藏族。甘洛尔苏藏族虽然人口少,且长期处于彝族和汉族的包围中,但他们并没有被彝化或汉化,依然保持着自己独特的语言文化。尔苏藏族牢固的民族意识和母语观念是藏语尔苏话稳定使用的主要因素。

民族意识是一个民族对其民族身份、民族文化等方面的一种认同心理。当地的藏族人有强烈的民族身份意识,对其源远流长的传统文化充满了自豪感。调查组在尔苏藏族村寨与村民交谈时,他们会强调自己的民族身份,很乐意介绍自己民族的情况,甚至主动回家穿上民族服装展示给我们看,与调查组合影留念。尔苏藏族人非常重视传统文化的发扬和继承,比如现在每年县城组织的"射箭节"活动,无论干部和村民都非常重视,积极参与。在整个欢庆活动中,他们身着尔苏藏装使用尔苏藏语,互相认同,增进情谊。通过节日活动增强了民族自豪感和凝聚力。

牢固的民族意识决定母语观念。因为母语是民族文化最重要的表征,也是他们身份认同的重要纽带。尔苏藏族人十分关注母语的传承、使用和发展,有深厚的母语观念。调查资料显示尔苏藏族人普遍重视母语的习得。在蓼坪乡的清水村和腊岱村中,大多数人的第一语言是藏语尔苏话。我们对这些村寨中以藏语尔苏话作为第一语言的情况进行了统计,其中清林村二组为100%,腊岱村一组为92%。虽然当地村民能熟练使用汉语,但在与族人进行交流时,都使用藏语尔苏话。在清水村调查时,一位姓周的村民说:"村民之间在使用尔苏语的时候,感觉就像一家人一样"。在对"藏族语言观念调查表"进行统计时,我们发现村民对"如果有人在外地学习或工作几年后回到村寨,不愿再说藏语尔苏话,您的态度是什么"这一问题的回答,都选择了"反感"或"不习惯"。可见,藏语尔苏话的使用总是与民族情感和民族认同紧密地联系在一起。尔苏藏族人这种民族意识和母语观念有利于藏语尔苏话的保留和稳定使用。

三、家庭与社区的语言教育是藏语尔苏话稳定使用的重要保障

语言的传承使用关键在于家庭语言教育和社区语言教育。家庭语言教育主要是指对学龄前儿童(一般为0—6岁)母语的自然习得。这一阶段父母对儿童的母语教育至关重要,它为儿童一生语言的表达能力和交际能力打下了基础。尔苏藏族人非常重视下一代的母语教育。在统计"家庭内部语言使用情况"时,我们发现村寨里的父母对子女都使用藏语尔苏话。这种稳定的家庭语言教育是藏语尔苏话持续使用的重要保障。

社区语言教育是指具有基本语言能力的母语习得者在社区母语环境下语言能力的获得、强化和提升过程,也是语言观念形成与定型的过程。社区教育是一种终生教育,它主要包括家庭、村寨和其他使用藏语尔苏话为主的各种场合。"不同场合语言使用情况调查表"显示,尔苏藏族人与族人在见面聊天、田间地头、过年过节以及婚丧嫁娶等场合中都使用藏语尔苏话。这便构成了良好的母语环境。在此环境下,儿童用母语与家人、同伴、邻居的交流得越多,母语使用能力就越强,对本民族的语言观念也越强。母语观念由此形成并定型化。这对藏语尔苏话的稳定使用起了重要作用。

四、传统的农耕生活和生产方式有利于藏语尔苏话的稳定使用

甘洛尔苏藏族多数聚居在海拔 1500—1900 米的二半山区和海拔 1901—2400 米的高山区。二半山区的年均温度为 11.1—13.7 度,降水量为 951.6—1385.9 毫米。主要农作物为玉米、水稻、豆类等,一年一熟。土壤瘠薄,耕作水平低,为中低产区。高山区年均温度为 8.0—11.1 度,降水量 1224.8—1385.9 毫米。主要农作物为洋芋、荞子、玉米。冷湿是生产的限制因素,为种植低产区。通常近亲同宗居住一地,耕地比邻,在生产上有互助劳动的习惯,在一处的几家或十来家,统一安排劳动力,从事耕种和收获。如果一家农活忙不过来,可请别人帮助,不谈报酬,不谈偿还,只是到时自觉还工。与工业化、城市化、陌生人快速流动的社会不同,这种稳定和谐的农耕生活和生产方式有利于藏语尔苏话的稳定使用。

五、国家语言政策是藏语尔苏话得以稳定使用的保障

《中华人民共和国宪法》第四条规定"各民族都有使用和发展本民族语言文字的自由"。这从法律上保障了各少数民族都可以根据自己的条件和意愿使用和发展本民族的语言和文字。甘洛尔苏藏族虽然人口少,但同样享有国家民族语言政策所赋予的权利。这是藏语尔苏话得以稳定使用的保障。

第四节 甘洛尔苏藏族全民双语制的建立及其原因

一、尔苏藏族全民双语制的建立

尔苏藏族是一个全民型的双语民族。他们除了使用自己的母语外,绝大多数人都还兼用汉语和彝语。在甘洛各地我们很容易发现,无论是交通便捷、信息通畅的县城,还是交通不便、信息闭塞的乡村,尔苏藏族基本上都能说汉语和彝语,而且很多人的汉语和彝语都说得非常流利。为什么会出现这样的情况?随着调查的深入,这些疑团也就逐步得以解开。

尔苏藏族作为世居的族群长期生活、繁衍生息在甘洛这片土地上,他们一般聚居在一起并形成特定的村落,严格实行族内婚配,家庭和村落就形成了较好的语言使用域,一个新生命呱呱坠地后,就在这样的家庭和村落轻而易举地习得了自己的母语。我们在蓼坪乡清水村二组就看到了这种典型的聚居生活。蓼坪乡清水村有三个组,一组以汉族为主,仅有两户彝族;三组全部为彝族;二组全部是尔苏藏族,共有 45 户 286 人,主要为王、周和杨三姓尔苏藏族,他们互为姻亲,平时无论在家里还是在村落里人们都说藏语尔苏话,藏语尔苏话完全能满足他们之间的交际需要。但他们平时还要和周围的汉族和彝族产生各种各样的交往,汉语是中国最通用的语言,广播、电视以及当地的学校教育都以汉语为主,当然他们汉语的水平和个人的文化水平和生活阅历有关。彝语是当地通行的第二大语言,清水村的成年人基本都会说彝语,并且

非常地道。新市坝镇依知村四组有19户尔苏藏族,8户汉族,8户彝族,是典型的多民族杂居村。这里的尔苏藏族告诉我们,他们1966年自发从团结乡搬到这里,这里的尔苏藏族男女老少都讲藏语尔苏话,他们在日常生活中,不论在家里,还是在村落里,只要是"尔苏"人,相互之间都说藏语尔苏话。中老年人都会说彝语和汉语,青少年彝语能力稍弱,第二语言主要是汉语。语言是民族的特征之一,民族语言是民族内部交流思想的最重要的工具,是民族文化的载体。从当地尔苏藏族的实际情况来看,尽管他们中的很多人兼通其他民族的语言,但在本民族内部交往时,主要还是使用本民族语。

一个民族或一个社团,通常情况下只使用一种语言,但是由于社会的原因,比如不同民族的接触,相互的语言也发生接触,互相影响,就出现了从使用单一语言而变成使用两种不同的语言,即出现双重语言现象。所谓双重语言现象是指不同民族的杂居地区,一个民族或其中的多数人能同时讲两种不同语言的现象,即既会讲本民族语言,也会讲另一种或多种民族的语言。使用者能根据交际的需要和交际对象的差异而选择不同的语言。尔苏藏族一方面与汉民族杂居,自然都要受到汉语的影响,因此很多人都会使用本民族语言和汉语。另一方面又与彝族杂居,因为人口等原因,彝语也成了当地一种重要的语言,使用的场所和概率显得特别突出,尔苏藏族与彝族之间的交际、来往非常频繁,掌握彝语可以说成了生活的基本要求,也是非常平常的事情,所以他们同时掌握几种语言也就一点不奇怪了。他们能够根据交际对象的不同而选择使用不同的语言:与本民族的人交往就使用本族语,与汉民族的人交往就使用汉语,与彝族交往就使用彝语。

尔苏藏族学习其他民族语言主要有三个途径:一是通过正规的学校教育;二是在日常生活交往中自然习得;三是通过家庭的语言教育获取。新中国建立初期,尔苏藏族学习汉语的途径主要是第一种,学习掌握彝语的途径主要是第二种。现当代学习汉语,第三种途径有增加的趋势。因为很多家庭为了让孩子很快适应学校的汉语教学,快速过语言关,开始有意识地辅导孩子学习汉语。至于彝语则在日常生活中,无论是在学校还是其他场合,因为人口因素形成的天然彝语环境,耳濡目染自然习得。

尔苏藏族作为祖国大家庭的一员,在与其他民族的交往中,他们自觉和不自觉地成为了双语人,但他们普遍对自己的民族语都有着特殊的感情,认为自己的民族语都应该得到保护和发展,各阶层的成员都希望自己的子女能说本民族语,对新一代因在城里长大而失去母语能力的人,都有诸多的遗憾和担忧。尔苏藏族两种语言使用的社会功能,实际上也存在差距,"尔苏"双语人依据语言使用的情况,可以分成"藏语尔苏话—彝语—汉语型""藏语尔苏话—彝语型""藏语尔苏话—汉语型"三种类型。第一种以中老年人居多,第二种以老年人居多,第三种以年轻人居多。相对而言,在甘洛的尔苏藏族,双语的使用是非常普遍的。无论在县城还是村落,无论是老人还是儿童,无论是男的还是女的,无论文化程度的高低,尔苏藏族都能自如地使用藏语尔苏话、汉语和彝语。我们发现,受汉语教育程度高的,双语能力就强。他们双语现象的形成,学校的教育起到了非常重要的作用。尔苏藏族特别是农村的,从小到大都说藏语尔苏话,真正正规接受汉语学习是在学校。可以说学校和广播、电影和电视是尔苏藏族学习掌握汉语的一个重要途径。尽管尔苏藏族所操的汉语是当地的汉语方言土语,但大多数人认可汉语普通话,也希望自己的孩子能在学校学会普通话。

二、尔苏藏族全民双语制的成因

尔苏藏族之所以形成全民性的双语制,是由多种因素和条件决定的。

首先,人口因素至关重要。人口对语言的使用关系重大,包括使用某一语言的人数及其地理分布。甘洛各乡镇彝族和汉族人口占着绝对的优势,尔苏藏族人口总数仅为4183人(2007年),他们分散聚居在汉族和彝族的生活圈里面,与周边的彝族和汉族相比,在人口数量上处于弱势。人口的密度对维护语言使用至关重要。整个甘洛县只有蓼坪乡的清水村和贾巴沙村、则拉乡的凉山村、大埔村、差达村有"纯"尔苏人聚居的村落外,其他村子的尔苏人都与彝族、汉族杂居。尔苏藏族为了自身的生存和发展,就需要在政治、经济、文化等领域与周围人口众多的彝族和汉族进行全面的交流合作。在日常生活中,尔苏藏族也与彝族、汉族等发生密不可分的互动关系。

其次,社会发展是尔苏藏族全民双语制的外部因素。我国是一个多民族国家,历史上各民族之间互相帮助、共同发展、共同进步,在各民族交往中,汉语成为我国各民族之间的通用语。如今在市场经济大潮中,随着现代化、城市化、工业化的发展,各民族之间的交往日益频繁,汉语在各民族之间的桥梁作用越来越突出。这些都为尔苏藏族全民双语制提供了外部环境。另外,广播、电视、手机、电脑等现代传播和通信手段等对尔苏藏族学习汉语也起到了推动作用。同时,学校教育的发展,也为尔苏藏族普遍兼用汉语提供了保证。当地学校以汉语为主要教学用语,有彝、汉双语教学,但没有藏语尔苏话教学,很多尔苏藏族儿童自小都在学校接受了正规的汉语文教育。

再次,包容开放的民族情怀是尔苏藏族全民双语制的心理因素。尔苏藏族善于吸取别的民族的优点来发展自己,对语言也是如此,他们并不担心汉语、彝语会与自己的母语发生冲突。尔苏藏族人的语言能力也很强,当地的彝族人、汉族人都称他们为"长有三根舌头"的人,中老年人的汉语、彝语都很好,可以说是名副其实的双语人。我们对尔苏藏族的语言观念进行了问卷调查,调查收回了有效问卷56份。关于"学习汉语和藏语尔苏话的目的是什么"的一项调查显示:56个人认为"学习和掌握汉语很有用",占100%;认为"学习和掌握藏语尔苏话很有用"的有47人,占85%;没有人选择"学习和掌握藏语尔苏话没有用"一项。关于"学习汉语的首要目的是什么"一栏中:22人选"为了找到好的工作,得到更多的收入";12人选"为了升学的需要";19人选"为了与外族人交流";3人选"怕被歧视"。关于"学习和掌握藏语尔苏话的首要目的是什么"一栏中:1人选了"为了找到好的工作,得到更多的收入";24人选择"为了与本族人交流";31人选"为了了解本族文化"。母语是一个人出生以后就听到、使用的语言,它是伴随着一个人的成长自然习得、发展起来的;另外居住在农村的人口比居住在城市的人口会更多地使用自己的语言。我们在几个调查点都发现,尔苏藏族在家庭不同代际之间都说自己的母语,在村落里面,无论男女老少,交际语都是藏语尔苏话,因此,甘洛尔苏藏族都有自然习得自己母语的天然条件,而且绝大多数的人生活在乡村。他们生活的地理、人口和社会发展因素以及包容开放的民族情怀使得他们成为了双语人,他们还可以根据需要进行适时、恰当的语言切换。

最后,母语特点是全民双语制建立的又一个因素。藏语尔苏话和汉语同属汉藏语系,在语言结构上,两种语言有许多相似之处,这让尔苏藏族能较好地掌握汉语。从语音方面看,藏语尔苏话的元音、辅音比较丰富,汉语当地方言和普通话里的音位大部分在藏语尔苏话里也有。

第七章 启示、预测

第一节 甘洛彝语、藏语尔苏话使用情况的启示

甘洛彝族占甘洛县总人口的68.26%(2007年),其语言使用是我国少数民族语言使用的一个类型,有一定的代表性。甘洛彝族语言使用情况的现状是由我国的具体国情、长期以来的民族关系以及彝族的社会经济、文化教育、历史传统、语言结构等因素决定的。凉山彝族在1956年实行民主改革后,尤其是随着改革开放的不断深入,彝族人民的生活发生了很大的变化,逐渐由封闭性向开放性过渡,其语言迅速由单语制向双语制发展,即从只使用彝语,发展为彝语和汉语并存并用。我们对甘洛县7个片区有代表性的21个村寨的484人进行语言使用情况调查后,调查统计分析结果表明,甘洛彝族语言使用并未形成全民双语制,双语发展有其不平衡性。这对认识我国少数民族语言使用的演变和发展,以及如何处理好多民族语言的关系,有着较大的参考价值。

甘洛县的尔苏藏族,在农村的大都与彝族杂居,比较集中的聚居区少,主要在则拉乡的磨房村;在城镇的与汉族和彝族杂居。在甘洛县,汉语是通用语言;该县的彝族人口最多,彝语使用人口也较多,因而彝语也就成了次通用语;藏语尔苏话作为使用人口较少之语言,相对而言通行度有限。但是在甘洛县的尔苏藏族的语言生活中,汉语、彝语和自己的母语都各自和谐相处,不相互排斥,也不相互冲突。尔苏藏族使用三种语言,在不同的场合与不同的人交际用不同的语言,使得三种语言在尔苏人的语言生活中各司其责,和谐共处,促进了社会的和谐发展。

对于甘洛县彝族和尔苏藏族不同的语言使用情况,有几点值得我们注意。

一、对于使用人口不同的少数民族语言的使用现状及其生命力,要有正确的认识

甘洛县彝语作为当地的通用语言之一,在与全国通用语——汉语的语言功能的竞争中,功能并没有被削弱,而是在与汉语的功能互补中,充分发挥自己的作用,较好地保存了下来。在乡村的彝族民众中今天仍有相当数量的单语人(尤其是吉米、斯觉、普昌3个彝族聚居区),还未形成全民双语。值得注意的是,不同年龄层次的群体,在母语能力、汉语能力、熟练程度、使用程度上呈现明显的代际差异。

目前流行的语言竞争理论都认为,在一个多民族、多语言的国家里,不同语言的使用存在

着竞争,使用人口少的语言往往竞争不过使用人口多的语言,因而容易出现语言功能的衰退或濒危。在经济全球化和信息全球化的今天,使用人数较少的语言在强势语言的包围和影响下,容易出现语言功能的衰退甚至濒危的趋势,这是必须引起重视的,但不同国家和地区的情况有着自己的特殊性。有的小语言,也有可能健全地使用和发展,不一定都走向衰退、濒危甚至消亡。

藏语尔苏话的使用人口确实非常少,它的周围活跃着全国的通用语——汉语和当地的次通用语——彝语,它的存在和发展面临着语言功能被削弱和取代的可能,但藏语尔苏话并没有被削弱和取代,反而在与汉语和彝语的功能互补中,在尔苏藏族中得到了较好的使用。甘洛县的尔苏藏族对语言的兼用持包容开放的态度。尔苏藏族与彝族和汉族杂居,不同民族文化相互交融。尔苏藏族既保持自己的母语,以满足本民族的交际需要和族群认同;又兼用通行面最广的汉语,以满足族际间的交际需要和自身发展的需要;同时还兼用邻近村寨的民族语——彝语,以满足友好的邻里交往。在尔苏藏族聚居区——则拉乡的磨房村,尔苏藏族大都会讲彝语,同时邻近村寨的彝族也会讲藏语尔苏话。由此看来,对语言使用的现状及其趋势还必须做深入的研究。

二、必须全面调查、分析具体语言的实际情况,从中确定制约语言使用的主要因素和次要因素

甘洛县彝族比较完整地保留母语的主要条件之一,是彝族高度聚居。从各片区、镇的人口比例所占情况来看,7个片区、镇只有新市坝镇和田坝镇的汉族人口比例超过了彝族,其他5个片区、镇的人口比例都是彝族超过汉族,尤其是苏雄、普昌、斯觉、吉米这四个聚居片区的彝族人口比例都在95%以上。就是与汉族、藏族杂居的区乡,绝大部分彝族村寨、汉族村寨、藏族村寨,也都是相对保持聚居,如城关镇尔觉村,是一个二百多户人的彝、汉族杂居村子,尼日河由南向北流经尔觉,其桥东几乎都为汉族村民,而桥西几乎都为彝族村民。新中国建立以后,来甘洛的外族人员虽然有所增加,但未能从根本上改变原有的聚居状态。彝族人口分布的高度聚集(普昌、吉米、斯觉、苏雄四个片区),和杂居中又相对聚居的现状为彝族提供了一个母语使用的广阔空间,是彝语得以长期完整留存下来的客观条件。彝族有自己古老的民族文字,这对一个民族语言文化的保留、传承、发展有着很重要的作用。此外,新中国的民族平等、语言平等政策,是彝族稳定使用母语的保障。彝族人稳固的民族意识和母语观念也有助于彝语的留存。甘洛彝族未能形成全民双语有这样几个原因:社会发育程度低、地理环境封闭、高度聚居、文盲比例较高、语言态度、城市彝族居民少等。如果不做具体深入的调查分析,就很难对语言的使用现状做出正确的估量。

尔苏藏族全民使用母语的主要条件是尔苏藏族相对聚居。尔苏藏族聚居区则拉乡磨房村熟练使用母语的比例都很高,高达80%以上。这表明尔苏藏族聚居区的藏语尔苏话仍然保持着强大的生命力。而杂居区,比如则拉乡依支村、柳姑村属于尔苏藏族和彝族杂居的村寨,尔

苏藏族长期和彝族杂居,青少年母语水平有所降低。家庭和相对聚居的村落,为藏语尔苏话的传承和使用提供了天然条件,使得藏语尔苏话得以一代代传承至今。促使尔苏藏族全民兼用彝语的原因是甘洛县彝族人口的相对优势和经济的领先发展,尔苏藏族和彝族和谐的民族关系是尔苏藏族兼用彝语的重要保证,族际通婚也是尔苏藏族掌握彝语的重要因素。虽然彝语有着不可替代的重要作用,但汉语在社会中的地位凸显,而且影响力与日俱增。在这样的社会背景下,尔苏藏族不仅完好地使用并代代传承着藏语尔苏语,学会并使用着当地的彝语,并且在与外界的不断交流中,较好地掌握了汉语。相对于彝族,更多的尔苏藏族以汉语为第二语言,彝语为第三语言。

三、本民族语言与汉语实现有机的互补,是保证本民族语言生存的重要条件

甘洛彝族居民受土司文化和汉文化的影响较深,这种文化的交融必然会冲击、影响本土文化。甘洛彝语就在这种条件下吸收、借鉴其他文化并传承自己特有的民族文化,在长期的生产、生活中形成了自己独特的"田坝彝语土语",并且在语音、词汇上也受到汉语的不少影响。一种语言从另一种语言借词是丰富本民族语言的重要手段之一。一般来说,它不会削弱本民族语言的特点,也不是本民族语言贫乏的表现。

新中国建立以来,尔苏藏族的社会经济结构、文化教育生活等都发生了深刻的变化,藏语尔苏话的词语也发生了变化,因为尔苏藏族的社会发展进步与汉族的接触紧密相关,很自然就会从汉语中吸收自己所缺少的词语来补充自己的不足。社会是不断发展变化的,新的事物、现象、观念的出现,需要有相应的词语来指称,于是汉语的新词随之而生,如"火箭、导弹、汽车、火车、飞机、电冰箱、电视机、摄像机、大腕、款爷、抢滩、网友、网民、黑客、彩票"等。这些新词自然也就被借入到藏语尔苏话的词汇中。这些汉语词汇自然进入到藏语尔苏话的词汇系统后,不仅没有削弱和限制藏语尔苏话的使用,而且还使得藏语尔苏话充满活力。

四、语言使用问题是语言研究中的一个重要问题,必须引起语言学家的重视

甘洛县是一个彝、汉、藏等多民族杂居的地区,要构建甘洛县多民族杂居地区的和谐的语言生活,首先要对甘洛县的语言国情进行调查,摸清各民族语言使用现状的基本情况。通过语言使用情况的调查,可以很好地收集整理出一批语言资源,以供语言的研究使用,更重要的是为民族语言文字政策的制定提供实现依据和理论依据。我们经过前后两次对甘洛民族语言使用情况的调查,对甘洛的彝语和藏语尔苏话的使用情况有了比较全面的了解,并发现了一些新问题。今后,应继续加强对民族语言使用的调查研究,在弄清楚语言使用的情况下,再依据客观事实做出科学的解释和判断,并提出合理的解决方法。

第二节　对甘洛彝语、藏语尔苏话使用今后演变的预测

语言使用状况不是一成不变的,而是随着社会需求的变更处于不断变迁之中。语言使用状况的变化是有规律的,所以人们有可能通过分析研究,预测语言使用的演变趋势或大致轮廓。对语言使用趋势做出预测,有助于认识语言的现状及语言演变的趋势,有利于语言规划的制定。

一、对甘洛彝语使用今后演变的预测

对甘洛彝语未来使用进行预测,既要对甘洛彝语使用现状有感性认识,又要对未来彝语使用的演变有理性思考。

甘洛彝语能够稳定使用的重要因素有国家的政策保障、民族文字的使用、民族文化的保护与传承、民族内聚力、高度聚集、人口因素等,这些因素在短时间内不会改变。我们初步预测,甘洛彝语会在今后较长的时期内保持其生命力。

凉山彝族自治州先后颁布了《凉山彝族自治州自治条例》和《凉山彝族自治州彝族语言文字工作条例》,从法律上保障了彝语文在凉山彝族自治州境内各个领域内的使用。《凉山彝族自治州自治条例》规定了一系列彝语的使用权利,保障彝族公民享有使用彝族语言文字进行工作和学习的权利。规定工作人员在执行职务时,根据实际情况,可以使用彝语言文字;国家机关和事业单位的公章、牌匾使用彝文字;自治州中级人民法院和人民检察院保障彝族公民享有使用彝语言文字进行诉讼的权利;自治州内招收以彝族学生为主的中小学,可以同时采用汉语和彝语进行教学,自治州组织编译、出版彝语文的各科教材、教学参考资料和课外读物;彝语文教育对象不仅是彝族,也鼓励其他民族学习彝语文。

甘洛县境内的彝族大部分都保持聚居的习俗,甘洛彝族在 1956 年民主改革前还处在奴隶社会阶段,由于特殊的地理环境,吉米、斯觉、普昌、苏雄这几个聚居区没有汉族人居住,在民主改革前基本上没有接触过汉语和汉文化,完全是单语制,这使彝语的使用得到延续。从语言与文化关系上看,彝语是甘洛县彝族文化的主要载体,彝族文化在甘洛得到比较完整的保留。现在,甘洛彝族农村婚丧嫁娶一般都按彝族习俗操办,彝族的谚语、故事、传说、谱牒、歌谣、宗教等文化仍然延续,很多地名蕴含着彝族文化信息,许多彝族青年能熟练背诵彝族的"尔比尔吉"(类似于汉族格言),招待客人仍按彝族习俗进行,代客用语和饮食用语比较完整,不少人还能背自己的家谱,在家里还请毕摩做祭祀活动等,这些文化仍以彝语为载体。相当一部分农民从农村涌入城市,把彝族文化带进城里,城市中不仅增加了彝语使用人口比例,而且城市彝族文化元素比例也增多了。

彝族人在城市政治生活和经济生活中主要使用汉语,彝语成了辅助性的语言,使用空间呈

现不断缩小的趋势,在城市工作的彝族干部子女和在城市中长大的彝族后代有相当一部分人不怎么会讲彝语了。而生活在农村的彝族,绝大部分人仍然使用彝语,从我们所调查的7个片区的21个村寨的情况来看,除了田坝片区新华村极个别青少年彝语能力有所退化外,其他人的彝语都很好,其家庭语言百分之百都使用彝语。到2007年年底,甘洛县的彝族人口为148151人,占甘洛县总人口的71.55%,但是非农业人口的彝族比例却很少,最多超不过5%,城市彝族这部分人的彝语使用情况不会对甘洛整个彝语使用造成影响,彝语仍然有稳定的使用环境和条件。

调查显示,各村寨的彝族少年儿童都说彝语,而且几个聚居区很多学龄前儿童和老人还不会说汉语,只会讲彝语,因此彝语不存在濒危的迹象。随着经济的大发展和生活水平的不断提高、汉语和汉文化不断渗透,甘洛彝族会在一定程度上改变母语使用的特点和能力,比如彝语里的借词会越来越多,母语中很多不常用的词语会被汉语词语所代替,这是语言功能的发展,是积极的。至于主要以汉语作为提高文化教育的主要语言工具,在一定程度上会忽略母语能力的提高,导致母语表达能力上的下降,这是消极的一面,应该引起注意和进行防范。

彝语目前的状况,与我们国家社会发展是相适应的。广大彝族民众使用彝语,发挥彝语在家庭、社会交际中的有益作用,这既有利于民族的发展、社会的和谐,也符合彝族人民的意愿。在今后,彝语的使用和发展,仍然对彝族的发展是有利的,而且我们相信,彝语会在未来较长时期内,为彝族文化的保护和传承发挥应有的作用。

二、对甘洛藏语尔苏话使用今后演变的预测

在对尔苏藏族人语言使用情况的调查中,我们听到的都是藏语尔苏话不会消亡的声音,虽然也有人对在城里长大而不会藏语尔苏话的"尔苏"下一代表示出一定的担忧。经过理性地认识和分析影响、制约藏语尔苏话使用的各种因素,我们认为,只要尔苏藏族这样相对聚居的状态、互相认同的凝聚力依然,加上国家有关政策的保障,至少在未来一百年之内藏语尔苏话不会发生大的变化,它会在与汉语和彝语的互动中,特别是在与汉语的互补中得到长期的使用。

语言能力应该区分交际能力和表达能力。交际能力,主要是指能否使用这种语言进行日常的交际,能交际的说明已具备基本的语感和语言能力;表达能力是指语言表达能力的强弱,反映一个人掌握语言水平的高低。尔苏藏族普遍具有藏语尔苏话的交际能力,他们在一起时都用藏语尔苏话交谈。这是藏语尔苏话得以传承和使用的必要条件。但尔苏藏族的藏语尔苏话表达能力是不同的,这种情况是由他们的语言兼用状况和社会环境的变化决定的,在一定程度上反映了藏语尔苏话的演变趋势。我们发现,年轻一代藏语尔苏话表达能力的下降具有两方面的原因:一是因为青少年与外界接触的机会多。随着视野的开阔,见识的增加,汉语的使用频率也会递进,这必然会在一定程度上影响和改变他们母语使用的特点和能力。比如,他们会更多地借助汉语借词来充实自己的语汇,也会放弃母语中一些相应的词汇。二是因为以汉语作为提高文化教育水平的主要语言工具,在一定程度上会影响母语能力的提高,导致母语表

达能力的下降。此外,一些生活在城镇机关单位里的尔苏藏族孩子,由于生活在以汉语为主要交际语言的环境中,或者他们本身就出生在族际婚姻家庭,其中有的孩子已不会说藏语尔苏话。这是新形势下语言使用出现的新问题,虽然这些现象目前还只占极小的比例,但必须引起我们的注意。

新中国成立以来,尔苏藏族能够自豪地、无拘无束地使用自己的语言,这跟国家的制度和政策密不可分。语言功能和语言本身严格说来不能混同。人类在社会生活中,由于需要某种东西来协调和整合人们的各种行为,以构建一个有利于生存的和谐社会,才创制和发明了语言。语言所应承载的功能决定它存在的合理性。虽然语言的表层功能多种多样,但都服务于构建和谐社会、体现民族精神的终极功能。每一种民族语言,特别是少数民族语言在其历史传承过程中以自身特有的方式履行语言的功能,以使本民族和民族之间的人们能和谐共处。我国是一个多民族的国家,少数民族语言是宝贵的文化财富。藏语尔苏话目前的状况,是与社会的发展相适应的。人民广泛地使用藏语尔苏话,发挥藏语尔苏话在家庭、社会中的基本作用,既有利于民族的发展,也符合尔苏藏族人的愿望。今后,藏语尔苏话的使用和发展,仍然对尔苏藏族的发展是有利的。

附　　录

一　个案调查

　　本次调查对象中,甘洛县城 90 人,占总人数的 18.6%;田坝片区 102 人,占 21.1%;玉田片区 69 人,占 14.3%;斯觉片区 42 人,占 8.7%;海棠片区 90 人,占 18.6%;普昌片区 38 人,占 7.9%;吉米片区 43 人,占 8.9%;新市坝镇 10 人,占 2.1%。现选择若干份调查表附录于此。

（一）家庭各代语言使用情况调查表

1. 田坝土语中心区田坝片区家庭各代语言使用情况

表 1　李文明一家语言使用情况表

		姓名	年龄	民族	居住地	文化程度	第一语言及水平	第二语言及水平
第一代	父亲	李文明	68	彝	新华村	高中	彝语,熟练	汉语,熟练
	母亲	骆秀珍	61	彝	新华村	高小	彝语,熟练	汉语,熟练
	姑姑	阿依约布	79	彝	新华村	文盲	彝语,熟练	汉语,熟练
	姑姑	伊格子罗	45	彝	新华村	小学	彝语,熟练	汉语,熟练
第二代	长子	李小刚	38	彝	新华村	中学	彝语,熟练	汉语,熟练
	次子	李科	32	彝	新华村	初中	彝语,熟练	汉语,熟练
	长女	阿依依布	37	彝	新华村	小学	彝语,熟练	汉语,熟练
	次女	阿呷	35	彝	新华村		彝语,熟练	汉语,熟练
第三代	长孙	李波	16	彝	新华村	初中	彝语,熟练	汉语,熟练
	次孙	阿木古乃	6	彝	新华村	学前班	彝语,熟练	汉语,熟练
	孙女	阿依古洛	14	彝	新华村	小学	彝语,熟练	汉语,熟练

调查对象:田坝镇新华村李文明一家及其主要亲戚
调查时间:2006 年 7 月 11 日

表2 阿依思卡一家语言使用情况表

		姓名	年龄	民族	居住地	文化程度	第一语言及水平	第二语言及水平
第一代	父亲	阿木	66	彝	新华村	私塾	彝语,熟练	汉语,熟练
	母亲	衣果	68	彝	新华村	文盲	彝语,熟练	汉语,熟练
	叔叔	木吉	51	彝	新华村	文盲	彝语,熟练	汉语,熟练
	姑姑	阿呷	43	彝	新华村	文盲	彝语,熟练	汉语,熟练
第二代	长子	阿木苏哈	37	彝	新华村	初中	彝语,熟练	汉语,熟练
	次子	木乃思宝	34	彝	新华村	文盲	彝语,熟练	汉语,熟练
	三子	木呷思特	31	彝	新华村	小学	彝语,熟练	汉语,熟练
	四子	木吉布达	28	彝	新华村	小学	彝语,熟练	汉语,熟练
	女儿	阿依思卡	40	彝	新华村	小学	彝语,熟练	汉语,熟练
第三代	长孙	阿木热布	20	彝	新华村	初中	彝语,熟练	汉语,熟练
	次孙	木乃热哈	17	彝	新华村	初中	彝语,熟练	汉语,熟练
	孙女	阿伊热吉	12	彝	新华村	小学	彝语,熟练	汉语,熟练

调查对象:田坝镇新华村阿依思卡一家及其主要亲戚

调查时间:2006年7月11日

表3 阿呷一家语言使用情况表

		姓名	年龄	民族	居住地	文化程度	第一语言及水平	第二语言及水平
第一代	父亲	木乃依布	65	彝	曙光村	初中	彝语,熟练	汉语,熟练
	母亲	阿依	63	彝	曙光村	文盲	彝语,熟练	汉语,熟练
	叔叔	阿斯	59	彝	曙光村	小学	彝语,熟练	汉语,熟练
	姑姑	阿兹	49	彝	曙光村	文盲	彝语,熟练	汉语,熟练
	姑姑	阿果	46	彝	曙光村	小学	彝语,熟练	汉语,熟练
	舅舅	木吉	67	彝	曙光村	小学	彝语,熟练	汉语,熟练
第二代	儿子	阿木	40	彝	曙光村	初中	彝语,熟练	汉语,熟练
	儿媳	阿呷	39	彝	曙光村	小学	彝语,熟练	汉语,熟练
第三代	孙子	阿木尔日	17	彝	曙光村	高中	彝语,熟练	汉语,熟练
	长孙女	阿伊	15	彝	曙光村	初中	彝语,熟练	汉语,熟练
	次孙女	阿呷	12	彝	曙光村	小学	彝语,熟练	汉语,熟练

调查对象:田坝镇曙光村阿呷一家及其主要亲戚

调查时间:2006年7月11日

表4 马全衣一家语言使用情况表

		姓名	年龄	民族	居住地	文化程度	第一语言及水平	第二语言及水平
第一代	祖父	蒋明忠	65	彝	前进村	文盲	彝语,熟练	汉语,熟练
	祖母	阿衣洛古	67	彝	前进村	文盲	彝语,熟练	汉语,熟练
	外祖父	马成春		彝	前进村	文盲	彝语,熟练	汉语,熟练
	外祖母	阿衣以扎	56	彝	前进村	文盲	彝语,熟练	汉语,熟练

(续表)

		姓名	年龄	民族	居住地	文化程度	第一语言及水平	第二语言及水平
第二代	父亲	木乃布且	31	彝	前进村	小学	彝语,熟练	汉语,熟练
	母亲	马全衣	33	彝	前进村	初中	彝语,熟练	汉语,熟练
	舅舅	马志兵	31	彝	前进村	小学	彝语,熟练	汉语,熟练
	姨妈	马秀珍	39	彝	前进村	小学	彝语,熟练	汉语,熟练
第三代	儿子	阿木杰哈	13	彝	前进村	小学	彝语,熟练	汉语,熟练
	女儿	阿依史金	11	彝	前进村	小学	彝语,熟练	汉语,熟练

调查对象:前进乡前进村马全衣一家及其主要亲戚

调查时间:2006年7月10日

表5 阿木布且一家语言使用情况表

		姓名	年龄	民族	居住地	文化程度	第一语言及水平	第二语言及水平
第一代	父亲	阿木布且	61	彝	跑马村	小学	彝语,熟练	汉语,一般
	母亲	罗阿呷	60	彝	胜利村	小学	彝语,熟练	汉语,一般
	叔叔	木乃布达	56	彝	跑马村	中专	彝语,熟练	汉语,熟练
	姑姑	阿呷曲哈嫫	55	彝	跑马村	文盲	彝语,熟练	汉语,一般
	姑姑	阿支克尼玛	50	彝	跑马村	小学	彝语,熟练	汉语,一般
第二代	长子	阿木尔哈	35	彝	跑马村	初中	彝语,熟练	汉语,熟练
	次子	木乃尔日	31	彝	跑马村	初中	彝语,熟练	汉语,熟练
	长女	阿衣史金	30	彝	跑马村	初中	彝语,熟练	汉语,熟练
	次女	阿呷史布	28	彝	跑马村	中专	彝语,熟练	汉语,熟练
第三代	孙子	阿木伊发[马俊杰]	12	彝	跑马村	小学	彝语,熟练	汉语,熟练

调查对象:前进乡跑马村阿木布且一家

调查时间:2006年7月11日

表6 木基尔日一家语言使用情况表

		姓名	年龄	民族	居住地	文化程度	第一语言及水平	第二语言及水平
第一代	父亲	阿木以堵	63	彝	托沟村	小学	彝语,熟练	汉语,一般
	母亲	阿芝以格	61	彝	托沟村	文盲	彝语,熟练	汉语,熟练
第二代	长子	解地木乃	35	彝	托沟村	高中	彝语,熟练	汉语,熟练
	次子	呷呷夫哈	33	彝	托沟村	高中	彝语,熟练	汉语,熟练
	三子	木基尔日	32	彝	托沟村	初中	彝语,熟练	汉语,熟练
第三代	孙女	王珊珊	12	彝	托沟村	初中	彝语,熟练	汉语,熟练

调查对象:前进乡托沟村木基尔日一家

调查时间:2006年7月1日

表 7 木特日特一家语言使用情况表

		姓名	年龄	民族	居住地	文化程度	第一语言及水平	第二语言及水平
第一代	祖父	泼泼木及	69	彝	雄普村	文盲	彝语,熟练	汉语,熟练
	祖母	阿呷朴缺	70	彝	雄普村	文盲	彝语,熟练	汉语,熟练
	外祖父	木黑日铁	57	彝	雄普村	文盲	彝语,熟练	汉语,一般
第二代	父亲	木特日特	40	彝	雄普村	初中	彝语,熟练	汉语,熟练
	母亲	阿格史金	41	彝	雄普村	文盲	彝语,熟练	汉语,熟练
	伯父	阿木芝田	44	彝	雄普村	初中	彝语,熟练	汉语,熟练
	叔叔	呷呷八角	37	彝	雄普村	小学	彝语,熟练	汉语,熟练
	姑姑	阿依兹哈	45	彝	雄普村	文盲	彝语,熟练	汉语,熟练
	姑姑	阿呷兹金	43	彝	雄普村	初中	彝语,熟练	汉语,熟练
	姑姑	木吉拉兹	35	彝	雄普村	小学	彝语,熟练	汉语,熟练
	姑姑	古屋拉哈	31	彝	雄普村	初中	彝语,熟练	汉语,熟练
第三代	孙子	木特拾铁	12	彝	雄普村	小学	彝语,熟练	汉语,熟练
	长孙女	阿依特布	19	彝	雄普村	初中	彝语,熟练	汉语,熟练
	次孙女	阿呷铁仗	16	彝	雄普村	初中	彝语,熟练	汉语,熟练

调查对象:胜利乡雄普村木特日特一家及其主要亲戚

调查时间:2006 年 7 月 10 日

2. 田坝土语区域玉田片区家庭各代语言使用情况

表 8 木乃尔铁一家语言使用情况表

		姓名	年龄	民族	居住地	文化程度	第一语言及水平	第二语言及水平
第一代	父亲	木呷日且	74	彝	赤夫村	文盲	彝语,熟练	汉语,一般
	母亲	阿依子哈	73	彝	赤夫村	文盲	彝语,熟练	汉语,一般
	姑姑	依格拉哈	75	彝	赤夫村	文盲	彝语,熟练	汉语,一般
	舅舅	阿木约哈	68	彝	赤夫村	文盲	彝语,熟练	汉语,熟练
	舅舅	木乃介布	57	彝	赤夫村	小学	彝语,熟练	汉语,熟练
	姨妈	依格约布	60	彝	赤夫村	文盲	彝语,熟练	汉语,一般
第二代	长子	木乃尔铁	48	彝	赤夫村	小学	彝语,熟练	汉语,熟练
	次子	木呷尔且	44	彝	赤夫村	小学	彝语,熟练	汉语,熟练
	长女	阿依阿布嫫	52	彝	赤夫村	文盲	彝语,熟练	汉语,熟练
	次女	依格阿依嫫	37	彝	赤夫村	文盲	彝语,熟练	汉语,熟练
第三代	长孙	阿木所布	17	彝	赤夫村	初中	彝语,熟练	汉语,熟练
	次孙	阿布以哈	15	彝	赤夫村	初一	彝语,熟练	汉语,熟练
	三孙	木乃所达	14	彝	赤夫村	初一	彝语,熟练	汉语,熟练
	长孙女	阿依尔几嫫	18	彝	赤夫村	初中	彝语,熟练	汉语,熟练
	次孙女	阿呷尔布	17	彝	赤夫村	初中	彝语,熟练	汉语,熟练
	三孙女	阿依所扎	10	彝	赤夫村	小学	彝语,熟练	汉语,熟练

调查对象:玉田镇赤夫村木乃尔铁一家及其主要亲戚

调查时间:2006 年 7 月 14 日

表 9　木呷铁哈一家语言使用情况表

		姓名	年龄	民族	居住地	文化程度	第一语言及水平	第二语言及水平
第一代	母亲	阿支布维	68	彝	赤夫村	文盲	彝语,熟练	汉语,不会
	叔叔	木卡尔日	47	彝	赤夫村	高中	彝语,熟练	汉语,熟练
	叔叔	木卡那日	40	彝	赤夫村	初中	彝语,熟练	汉语,熟练
	姑姑	阿依卡哈嫫	73	彝	赤夫村	文盲	彝语,熟练	汉语,不会
	姑姑	玛支布吉	51	彝	赤夫村	文盲	彝语,熟练	汉语,一般
	舅舅	木乃依哈	60	彝	赤夫村	文盲	彝语,熟练	汉语,一般
	舅舅	木吉拉日	52	彝	赤夫村	文盲	彝语,熟练	汉语,一般
	姨妈	阿依什吉嫫	75	彝	赤夫村	文盲	彝语,熟练	汉语,一般
	姨妈	阿安妞	62	彝	赤夫村	文盲	彝语,熟练	汉语,一般
第二代	长子	木呷铁哈	44	彝	赤夫村	小学	彝语,熟练	汉语,熟练
	次子	木乃布哈	42	彝	赤夫村	小学	彝语,熟练	汉语,一般
	三子	木呷子哈	40	彝	赤夫村	小学	彝语,熟练	汉语,一般
	长女	阿依日津	38	彝	赤夫村	文盲	彝语,熟练	汉语,一般
	次女	阿呷依扎嫫	36	彝	赤夫村	小学	彝语,熟练	汉语,熟练
	三女	衣格日哈嫫	29	彝	赤夫村	文盲	彝语,熟练	汉语,熟练
第三代	长孙	阿尔布什哈	15	彝	赤夫村	初中	彝语,熟练	汉语,熟练
	次孙	木乃什布	11	彝	赤夫村	小学	彝语,熟练	汉语,熟练
	孙女	阿衣尔吉嫫	18	彝	赤夫村	初中	彝语,熟练	汉语,熟练

调查对象:玉田镇赤夫村木呷铁哈一家及其主要亲戚

调查时间:2006 年 7 月 14 日

表 10　阿木卡哈一家语言使用情况表

		姓名	年龄	民族	居住地	文化程度	第一语言及水平	第二语言及水平
第一代	父亲	阿木卡哈	60	彝	永久村	文盲	彝语,熟练	汉语,一般
	叔叔	木呷巴哈	53	彝	永久村	文盲	彝语,熟练	汉语,一般
	姑姑	阿依富阿嫫	58	彝	永久村	文盲	彝语,熟练	汉语,一般
	姑姑	阿呷芝卡	47	彝	永久村	文盲	彝语,熟练	汉语,一般
	姨妈	阿卡布扎	69	彝	永久村	初中	彝语,熟练	汉语,熟练
第二代	长子	阿木古卡	27	彝	永久村	中专	彝语,熟练	汉语,熟练
	次子	木乃子举	19	彝	永久村	初中	彝语,熟练	汉语,熟练
	长女	阿依子洛	35	彝	永久村	小学	彝语,熟练	汉语,熟练
	次女	阿呷子卡	29	彝	永久村	文盲	彝语,熟练	汉语,一般
	三女	阿芝尔洛	26	彝	永久村	小学	彝语,熟练	汉语,熟练
第三代	孙女	阿依曲洛木	15	彝	永久村	小学	彝语,熟练	汉语,熟练

调查对象:玉田镇永久村阿木卡哈一家及其主要亲戚

调查时间:2006 年 7 月 14 日

表 11　阿芝沙吉一家语言使用情况表

		姓名	年龄	民族	居住地	文化程度	第一语言及水平	第二语言及水平
第一代	父亲	木乃布且	70	彝	勿西村	文盲	彝语,熟练	汉语,一般
	母亲	阿呷	73	彝	勿西村	文盲	彝语,熟练	汉语,一般
	姑姑	阿依	73	彝	勿西村	文盲	彝语,熟练	汉语,一般
	舅舅	木吉吉布	52	彝	勿西村	文盲	彝语,熟练	汉语,一般
	姨妈	阿依金龙	50	彝	勿西村	文盲	彝语,熟练	汉语,一般
第二代	长子	阿木衣布	44	彝	勿西村	中专	彝语,熟练	汉语,熟练
	次子	木乃尼布	42	彝	勿西村	大专	彝语,熟练	汉语,熟练
	三子	木呷尔布	35	彝	勿西村	初中	彝语,熟练	汉语,熟练
	长女	阿衣尔铁	52	彝	勿西村	文盲	彝语,熟练	汉语,一般
	次女	阿呷什布	40	彝	勿西村	文盲	彝语,熟练	汉语,一般
	三女	阿芝沙吉	39	彝	勿西村	文盲	彝语,熟练	汉语,一般
第三代	孙子	阿木沙布	15	彝	勿西村	初中	彝语,熟练	汉语,熟练
	孙女	阿衣所哈	12	彝	勿西村	小学	彝语,熟练	汉语,熟练

调查对象：玉田镇勿西村阿芝沙吉一家及其主要亲戚

调查时间：2006 年 7 月 14 日

表 12　木乃园乖一家语言使用情况表

		姓名	年龄	民族	居住地	文化程度	第一语言及水平	第二语言及水平
第一代	母亲	阿各布哈木	67	彝	勿西村	文盲	彝语,熟练	汉语,一般
	伯父	阿木玛合	81	彝	勿西村	文盲	彝语,熟练	汉语,一般
	伯父	木乃乌合	77	彝	勿西村	文盲	彝语,熟练	汉语,一般
	姑姑	阿格洁布	70	彝	勿西村	文盲	彝语,熟练	汉语,不会
	姑姑	木且叶哈	63	彝	勿西村	小学	彝语,熟练	汉语,熟练
第二代	长子	阿木拉哈	42	彝	勿西村	初中	彝语,熟练	汉语,熟练
	次子	木乃园乖	40	彝	勿西村	初中	彝语,熟练	汉语,熟练
	三子	木呷尔日	37	彝	勿西村	小学	彝语,熟练	汉语,一般
	女儿	阿依约布	39	彝	勿西村	文盲	彝语,熟练	汉语,不会
第三代	孙子	阿木古铁	12	彝	勿西村	小学	彝语,熟练	汉语,熟练
	长孙女	阿依铁布	16	彝	勿西村	初中	彝语,熟练	汉语,熟练
	次孙女	阿呷铁石	14	彝	勿西村	小学	彝语,熟练	汉语,熟练

调查对象：玉田镇勿西村木乃园乖一家及其主要亲戚

调查时间：2006 年 7 月 14 日

3. 义诺土语区域吉米片区家庭各代语言使用情况

表 13　果果莫一家语言使用情况表

		姓名	年龄	民族	居住地	文化程度	第一语言及水平	第二语言及水平
第一代	父亲	果果克狄	61	彝	色达村	小学	彝语,熟练	汉语,熟练
	母亲	奥来莫市介	60	彝	色达村	文盲	彝语,熟练	汉语,一般
	伯父	果果别哈	67	彝	色达村	文盲	彝语,熟练	汉语,不会
	舅舅	奥来杰布	66	彝	色达村	小学	彝语,熟练	汉语,熟练
第二代	长子	果果支铁	44	彝	色达村	小学	彝语,熟练	汉语,熟练
	次子	果果支布	33	彝	色达村	小学	彝语,熟练	汉语,熟练
	三子	果果支沙	25	彝	色达村	小学	彝语,熟练	汉语,熟练
	长女	果果莫	39	彝	色达村	小学	彝语,熟练	汉语,不会
	次女	果果莫杰哈	37	彝	色达村	小学	彝语,熟练	汉语,不会
	三女	果果莫尼哈	35	彝	色达村	小学	彝语,熟练	汉语,不会
第三代	孙子	奥来尼布	20	彝	色达村	初中	彝语,熟练	汉语,熟练
	长孙女	奥来玛阿沙	13	彝	色达村	小学	彝语,熟练	汉语,一般
	次孙女	奥来木乌子	12	彝	色达村	小学	彝语,熟练	汉语,不会

调查对象:吉米镇色达村果果莫一家及其主要亲戚

调查时间:2006 年 7 月 15 日

表 14　沙马尔布一家语言使用情况表

		姓名	年龄	民族	居住地	文化程度	第一语言及水平	第二语言及水平
第一代	伯父	维哈	87	彝	色达村	文盲	彝语,熟练	汉语,不会
第二代	儿子	沙马尔布	36	彝	色达村	小学	彝语,熟练	汉语,一般
	长女	沙马吉什嫫	50	彝	色达村	文盲	彝语,熟练	汉语,不会
	次女	沙马深布	44	彝	色达村	文盲	彝语,熟练	汉语,会听不会说
第三代	孙子	沙马木吉	13	彝	色达村	小学	彝语,熟练	汉语,一般
	长孙女	沙马阿芝	16	彝	色达村	小学	彝语,熟练	汉语,一般
	次孙女	沙马阿妞	9	彝	色达村	小学	彝语,熟练	汉语,一般

调查对象:吉米镇色达村沙马尔布一家及其主要亲戚

调查时间:2006 年 7 月 15 日

4. 义诺土语区域普昌片区家庭各代语言使用情况

表15 果布一家语言使用情况表

		姓名	年龄	民族	居住地	文化程度	第一语言及水平	第二语言及水平
第一代	父亲	木切	47	彝	哈木足村	小学	彝语,熟练	汉语,熟练
	母亲	阿依	47	彝	哈木足村	文盲	彝语,熟练	汉语,熟练
	叔叔	沙沙	34	彝	哈木足村	文盲	彝语,熟练	汉语,熟练
	姑姑	阿依	36	彝	哈木足村	小学	彝语,熟练	汉语,熟练
	姑姑	阿呷	23	彝	哈木足村	文盲	彝语,熟练	汉语,一般
	舅舅	达沙	49	彝	哈木足村	文盲	彝语,熟练	汉语,一般
	姨妈	阿芝	50	彝	哈木足村	小学	彝语,熟练	汉语,一般
	姨妈	哈子	32	彝	哈木足村	小学	彝语,熟练	汉语,熟练
	姨妈	曲言	29	彝	哈木足村	小学	彝语,熟练	汉语,熟练
第二代	长子	果布	23	彝	哈木足村	小学	彝语,熟练	汉语,一般
	次子	约布	21	彝	哈木足村	小学	彝语,熟练	汉语,一般
	女儿	阿依	25	彝	哈木足村	小学	彝语,熟练	汉语,熟练

调查对象:普昌镇哈木足村果布一家及其主要亲戚

调查时间:2006年7月15日

表16 吉麻尔木一家语言使用情况表

		姓名	年龄	民族	居住地	文化程度	第一语言及水平	第二语言及水平
第一代	父亲	吉玛作日	53	彝	哈木足村	文盲	彝语,熟练	汉语,一般
	母亲	瓦哈什细嫫	51	彝	哈木足村	文盲	彝语,熟练	汉语,一般
	伯父	吉麻日衣	70	彝	哈木足村	文盲	彝语,熟练	汉语,一般
	伯父	吉麻尔古	67	彝	哈木足村	文盲	彝语,熟练	汉语,一般
	姑姑	吉麻阿毕嫫	72	彝	哈木足村	文盲	彝语,熟练	汉语,不会
	姑姑	吉麻妞妞嫫	45	彝	哈木足村	文盲	彝语,熟练	汉语,熟练
	舅舅	瓦哈什尔西	53	彝	哈木足村	小学	彝语,熟练	汉语,熟练
	舅舅	瓦哈戈铁瓦	34	彝	哈木足村	小学	彝语,熟练	汉语,熟练
第二代	长子	吉麻莫尔黑	26	彝	哈木足村	文盲	彝语,熟练	汉语,熟练
	次子	吉麻尔木	21	彝	哈木足村	文盲	彝语,熟练	汉语,一般
	三子	吉麻木呷	17	彝	哈木足村	文盲	彝语,熟练	汉语,一般
	女儿	古古嫫	25	彝	哈木足村	文盲	彝语,熟练	汉语,一般

调查对象:普昌镇哈木足村吉麻尔木一家及其主要亲戚

调查时间:2006年7月15日

表 17　莫伙一家语言使用情况表

		姓名	年龄	民族	居住地	文化程度	第一语言及水平	第二语言及水平
第一代	父亲	莫伙	52	彝	黑木居村	小学	彝语,熟练	汉语,一般
	母亲	阿识嫫	52	彝	黑木居村	文盲	彝语,熟练	汉语,不会
	叔叔	莫子	49	彝	黑木居村	文盲	彝语,熟练	汉语,一般
	叔叔	莫波	47	彝	黑木居村	小学	彝语,熟练	汉语,一般
	舅舅	沙马果果	50	彝	黑木居村	小学	彝语,熟练	汉语,一般
第二代	长子	阿木	35	彝	黑木居村	初中	彝语,熟练	汉语,熟练
	次子	木基	28	彝	黑木居村	文盲	彝语,熟练	汉语,不会
	三子	木呷	25	彝	黑木居村	小学	彝语,熟练	汉语,不会
	长女	阿依	38	彝	黑木居村	文盲	彝语,熟练	汉语,不会
	次女	阿芝	30	彝	黑木居村	文盲	彝语,熟练	汉语,不会

调查对象:普昌镇黑木居村莫伙一家及其主要亲戚

调查时间:2006 年 7 月 15 日

表 18　甲甲一家语言使用情况表

		姓名	年龄	民族	居住地	文化程度	第一语言及水平	第二语言及水平
第一代	父亲	甲甲	69	彝	黑木居村	文盲	彝语,熟练	汉语,不会
	母亲	阿果	64	彝	黑木居村	文盲	彝语,熟练	汉语,一般
第二代	长子	正付	40	彝	黑木居村	文盲	彝语,熟练	汉语,一般
	次子	正叶	35	彝	黑木居村	文盲	彝语,熟练	汉语,一般
	三子	洛撒	29	彝	黑木居村	文盲	彝语,熟练	汉语,不会
	长女	依依嫫	47	彝	黑木居村	文盲	彝语,熟练	汉语,一般
	次女	阿咪	23	彝	黑木居村	文盲	彝语,熟练	汉语,不会

调查对象:普昌镇黑木居村甲甲一家

调查时间:2006 年 7 月 15 日

5. 圣乍土语区域斯觉片区家庭各代语言使用情况

表 19　木什木合一家语言使用情况表

		姓名	年龄	民族	居住地	文化程度	第一语言及水平	第二语言及水平
第一代	父亲	木什木合	65	彝	格布村	文盲	彝语,熟练	汉语,不会
	母亲	吉勒拉哈	63	彝	格布村	文盲	彝语,熟练	汉语,不会
	叔叔	木什来哈	57	彝	格布村	文盲	彝语,熟练	汉语,不会
	叔叔	木什热哈	50	彝	格布村	文盲	彝语,熟练	汉语,一般
	姑姑	木什呷哈嫫	60	彝	格布村	文盲	彝语,熟练	汉语,不会
	姑姑	木什马而巴	55	彝	格布村	文盲	彝语,熟练	汉语,不会

(续表)

		姓名	年龄	民族	居住地	文化程度	第一语言及水平	第二语言及水平
第二代	长子	木什阿木	34	彝	格布村	文盲	彝语,熟练	汉语,不会
	次子	木什木乃	26	彝	格布村	小学	彝语,熟练	汉语,一般
	长女	木什阿比嫫	36	彝	格布村	文盲	彝语,熟练	汉语,不会
	次女	木什沙嫫	29	彝	格布村	文盲	彝语,熟练	汉语,不会
第三代	长孙	木什阿达	6	彝	格布村	文盲	彝语,熟练	汉语,不会
	长孙女	木什古古嫫	9	彝	格布村	文盲	彝语,熟练	汉语,一般

调查对象:斯觉镇格布村木什木合一家及其主要亲戚

调查时间:2006年7月16日

表20 杰布一家语言使用情况表

		姓名	年龄	民族	居住地	文化程度	第一语言及水平	第二语言及水平
第一代	父亲	里里尔哈	61	彝	义务村	文盲	彝语,熟练	汉语,一般
	母亲	阿呷	61	彝	义务村	文盲	彝语,熟练	汉语,不会
第二代	长子	杰布	36	彝	义务村	文盲	彝语,熟练	汉语,一般
	次子	吉吉	34	彝	义务村	初中	彝语,熟练	汉语,熟练
	长女	阿依	38	彝	义务村	文盲	彝语,熟练	汉语,一般
	次女	吉布	32	彝	义务村	文盲	彝语,熟练	汉语,一般
第三代	孙子	阿木	12	彝	义务村	小学	彝语,熟练	汉语,一般
	孙女	阿依	8	彝	义务村		彝语,熟练	汉语,不会

调查对象:斯觉镇义务村杰布一家

调查时间:2006年7月14日

表21 阿尔阿木一家语言使用情况表

		姓名	年龄	民族	居住地	文化程度	第一语言及水平	第二语言及水平
第一代	父亲	阿尔瓦治	48	彝	呷尔莫村	文盲	彝语,熟练	汉语,一般
	母亲	曲木尼日嫫	50	彝	呷尔莫村	文盲	彝语,熟练	汉语,不会
	叔叔	阿尔瓦布	44	彝	呷尔莫村	小学	彝语,熟练	汉语,一般
	叔叔	阿尔瓦萨	42	彝	呷尔莫村	小学	彝语,熟练	汉语,一般
	姑姑	阿尔巫各	38	彝	呷尔莫村	文盲	彝语,熟练	汉语,不会
	姑姑	阿尔巫黑	34	彝	呷尔莫村	文盲	彝语,熟练	汉语,不会
	姨妈	曲木尼史嫫	44	彝	呷尔莫村	文盲	彝语,熟练	汉语,不会
	姨妈	曲木牛牛嫫	38	彝	呷尔莫村	文盲	彝语,熟练	汉语,不会
第二代	长子	阿尔阿木	25	彝	呷尔莫村	文盲	彝语,熟练	汉语,不会
	次子	阿尔木黑	23	彝	呷尔莫村	文盲	彝语,熟练	汉语,不会
	三子	阿尔木基	21	彝	呷尔莫村	文盲	彝语,熟练	汉语,不会
	女儿	阿尔几几嫫	28	彝	呷尔莫村	文盲	彝语,熟练	汉语,一般

调查对象:尼儿觉乡呷尔莫村阿尔阿木一家及其主要亲戚

调查时间:2006年7月16日

6. 圣乍土语区域海棠片区家庭各代语言使用情况

表 22　阿布木沙一家语言使用情况表

		姓名	年龄	民族	居住地	文化程度	第一语言及水平	第二语言及水平
第一代	父亲	阿布巫来	57	彝	腊梅村	小学	彝语,熟练	汉语,一般
	母亲	妞妞嫫	58	彝	腊梅村	文盲	彝语,熟练	汉语,一般
	伯父	阿布约布	65	彝	腊梅村	小学	彝语,熟练	汉语,一般
	姑姑	阿果嫫	64	彝	腊梅村	文盲	彝语,熟练	汉语,熟练
	舅舅	罗结呷	40	彝	腊梅村	小学	彝语,熟练	汉语,熟练
	姨妈	巫几嫫	55	彝	腊梅村	文盲	彝语,熟练	汉语,一般
	姨妈	吉果嫫	53	彝	腊梅村	文盲	彝语,熟练	汉语,一般
第二代	长子	阿布小明	32	彝	腊梅村	小学	彝语,熟练	汉语,不会
	次子	阿布木子	24	彝	腊梅村	小学	彝语,熟练	汉语,熟练
	三子	阿布木沙	20	彝	腊梅村	小学	彝语,熟练	汉语,熟练
	长女	阿布阿妞嫫	40	彝	腊梅村	文盲	彝语,熟练	汉语,熟练
	次女	阿布阿果嫫	35	彝	腊梅村	文盲	彝语,熟练	汉语,不会
第三代	孙子	沙马巫达	15	彝	腊梅村	小学	彝语,熟练	汉语,熟练
	长孙女	沙马巫芝	13	彝	腊梅村	小学	彝语,熟练	汉语,熟练
	次孙女	沙马妞妞	11	彝	腊梅村	小学	彝语,熟练	汉语,熟练

调查对象:廖坪乡腊梅村阿布木沙一家及其主要亲戚

调查时间:2006 年 7 月 13 日

表 23　阿布伍解一家语言使用情况表

		姓名	年龄	民族	居住地	文化程度	第一语言及水平	第二语言及水平
第一代	父亲	阿布呷呷	75	彝	腊梅村	文盲	彝语,熟练	汉语,熟练
	母亲	依诺伍各	70	彝	腊梅村	文盲	彝语,熟练	汉语,熟练
	舅舅	依诺里古	68	彝	腊梅村	文盲	彝语,熟练	汉语,熟练
	舅舅	依诺阿吉嫫	63	彝	腊梅村	小学	彝语,熟练	汉语,熟练
	姨妈	依诺呷呷嫫	66	彝	腊梅村	文盲	彝语,熟练	汉语,一般
第二代	儿子	阿布伍解	41	彝	腊梅村	高中	彝语,熟练	汉语,熟练
	长女	沙马嫫	39	彝	腊梅村	文盲	彝语,熟练	汉语,一般
	次女	杰古阿呷	35	彝	腊梅村	小学	彝语,熟练	汉语,一般
	三女	伍呷嫫	32	彝	腊梅村	文盲	彝语,熟练	汉语,一般
第三代	孙子	阿布提博	7	彝	腊梅村	学前	彝语,熟练	汉语,熟练
	长孙女	阿布伍妞	12	彝	腊梅村	小学	彝语,熟练	汉语,熟练
	次孙女	阿布伍字	10	彝	腊梅村	小学	彝语,熟练	汉语,熟练
	三孙女	阿布伍呷	8	彝	腊梅村	小学	彝语,熟练	汉语,熟练

调查对象:廖坪乡腊梅村阿布伍解一家及其主要亲戚

调查时间:2006 年 7 月 13 日

表24 阿布巫支一家语言使用情况表

		姓名	年龄	民族	居住地	文化程度	第一语言及水平	第二语言及水平
第一代	母亲	阿皮尼布嫫	60	彝	西桥村	文盲	彝语,熟练	汉语,一般
	叔叔	阿布木解	55	彝	西桥村	高中	彝语,熟练	汉语,熟练
	叔叔	阿布木呷	50	彝	西桥村	文盲	彝语,熟练	汉语,一般
	姑姑	阿布麻玛	52	彝	西桥村	文盲	彝语,熟练	汉语,一般
	舅舅	阿皮阿里	64	彝	西桥村	文盲	彝语,熟练	汉语,一般
	舅舅	阿皮巫呷	60	彝	西桥村	初中	彝语,熟练	汉语,熟练
	姨妈	阿皮阿里嫫	65	彝	西桥村	文盲	彝语,熟练	汉语,一般
	姨妈	阿皮巫妞嫫	58	彝	西桥村	文盲	彝语,熟练	汉语,熟练
第二代	长子	阿布巫过	40	彝	西桥村	小学	彝语,熟练	汉语,熟练
	次子	阿布巫支	38	彝	西桥村	初中	彝语,熟练	汉语,熟练
	三子	阿布巫来	32	彝	西桥村	初中	彝语,熟练	汉语,熟练
	长女	阿布巫妞嫫	34	彝	西桥村	文盲	彝语,熟练	汉语,熟练
	次女	阿布巫卡	20	彝	西桥村	初中	彝语,熟练	汉语,熟练
第三代	长孙	阿衣布儿	8	彝	西桥村	小学	彝语,熟练	汉语,一般
	次孙	巫甲日古	7	彝	西桥村	小学	彝语,熟练	汉语,一般

调查对象:海棠镇西桥村阿布巫支一家及其主要亲戚

调查时间:2006年7月12日

表25 打足介哈一家语言使用情况表

		姓名	年龄	民族	居住地	文化程度	第一语言及水平	第二语言及水平
第一代	母亲	阿皮吾儿	65	彝	大桥村	小学	彝语,熟练	汉语,熟练
	舅舅	阿皮吾牛	45	彝	大桥村	文盲	彝语,熟练	汉语,熟练
	姨妈	阿皮吾各	75	彝	大桥村	文盲	彝语,熟练	汉语,熟练
	姨妈	阿皮阿衣	43	彝	大桥村	文盲	彝语,熟练	汉语,熟练
第二代	长子	打足格来	45	彝	大桥村	初中	彝语,熟练	汉语,熟练
	次子	打足介哈	31	彝	大桥村	文盲	彝语,熟练	汉语,熟练
	女儿	打足介布嫫	24	彝	大桥村	小学	彝语,熟练	汉语,熟练
第三代	孙子	打足阿且	6	彝	大桥村	学前	彝语,熟练	汉语,不会

调查对象:海棠镇大桥村打足介哈一家及其主要亲戚

调查时间:2006年7月12日

7. 新市坝镇不同行业家庭各代语言使用情况

表26　阿依尔吉一家语言使用情况表

		姓名	年龄	民族	文化程度	第一语言及水平	第二语言及水平	第三语言及水平
第一代	父亲	阿木古且	40	彝	初中	彝语,熟练	汉语,熟练	无
	母亲	阿呷古哈	38	彝	初中	彝语,熟练	汉语,熟练	无
第二代	儿子	阿木尔古	17	彝	初中	彝语,熟练	汉语,熟练	无
	长女	阿依尔吉	18	彝	初中	彝语,熟练	汉语,熟练	无
	次女	阿呷尔扎	15	彝	初中	彝语,熟练	汉语,熟练	无

调查对象:甘洛县餐饮服务员阿依尔吉一家

调查时间:2007年2月1日

表27　乔都莲一家语言使用情况表

		姓名	年龄	民族	文化程度	第一语言及水平	第二语言及水平	第三语言及水平
第一代	父亲	乔吉才	84	彝	文盲	彝语,熟练	汉语,熟练	无
第二代	长子	乔都贵	48	彝	本科	彝语,熟练	汉语,熟练	英语,一般
	次子	乔都富	45	彝	本科	彝语,熟练	汉语,熟练	英语,一般
	三子	乔都和	28	彝	本科	彝语,熟练	汉语,熟练	英语,一般
	女儿	乔都莲	36	彝	大专	彝语,一般	汉语,熟练	英语,一般
第三代	外孙女	蒋依	8	彝	小学	彝语,一般	汉语,熟练	无

调查对象:甘洛县医院乔都莲一家

调查时间:2007年2月1日

表28　阿西阿木一家语言使用情况表

		姓名	年龄	民族	文化程度	第一语言及水平	第二语言及水平	第三语言及水平
第一代	父亲	阿西洛伍	51	彝	大专	彝语,熟练	汉语,熟练	无
	母亲	巫机嫫	51	彝	小学	彝语,熟练	汉语,熟练	无
第二代	长子	阿西阿木	28	彝	大专	彝语,熟练	汉语,熟练	无
	次子	阿布	25	彝	大学	彝语,熟练	汉语,熟练	无
第三代	孙女	阿依	5	彝	学前	彝语,熟练	汉语,熟练	无

调查对象:甘洛县纪委阿西阿木一家

调查时间:2007年1月29日

（二）不同对象之间语言使用情况调查表

表 29　阿木史初一家语言使用情况表

交际双方		彝语	汉语	其他语言
长辈对晚辈	父母对子女	√		
	祖辈对孙辈	√		
晚辈对长辈	子女对父母	√		
	孙辈对祖辈	√		
同辈之间	兄弟姐妹之间	√		
	父母之间	√		
	（外）祖父母之间	√		
客人来访	亲戚	√		
	干部	√	√	
	老师	√	√	
	陌生人	√	√	
	熟人	√		

调查对象：胜利乡雄普村阿木史初一家

调查时间：2006 年 7 月 10 日

表 30　张尔哈一家语言使用情况表

交际双方		彝语	汉语	其他语言
长辈对晚辈	父母对子女	√		
	祖辈对孙辈	√		
晚辈对长辈	子女对父母	√		
	孙辈对祖辈	√		
同辈之间	兄弟姐妹之间	√		
	父母之间	√		
	（外）祖父母之间	√		
客人来访	亲戚	√		
	干部		√	
	老师		√	
	陌生人	√	√	
	熟人	√	√	

调查对象：田坝乡曙光村张尔哈一家

调查时间：2006 年 7 月 11 日

表 31　阿木尔日一家语言使用情况表

交际双方		彝语	汉语	其他语言
长辈对晚辈	父母对子女	√		
	祖辈对孙辈	√		
晚辈对长辈	子女对父母	√		
	孙辈对祖辈	√		
同辈之间	兄弟姐妹之间	√		
	父母之间	√		
	（外）祖父母之间	√		
客人来访	亲戚	√		
	干部	√	√	
	老师	√	√	
	陌生人	√	√	
	熟人	√		

调查对象：前进乡前进村阿木尔日一家

调查时间：2006 年 7 月 11 日

（三）不同时期、不同场合个人语言使用情况调查表

表 32　麻卡拉洛语言使用情况调查表

	新中国成立前（1949 年前）	改革开放前（1949—1978 年）	改革开放后（1978 年后）
见面打招呼		彝语	彝语
聊天		彝语	彝语
田间地头		彝语	彝语
集市、商店		彝语	彝语，汉语
卫生院、邮电局		彝语	彝语，汉语
开会　开场白		彝语	彝语，汉语
传达上级指示		彝语	彝语
个人发言		彝语	彝语
广播用语			
学校　课堂用语			
课外用语			
节日		彝语	彝语
婚嫁仪式		彝语	彝语
丧葬仪式		彝语	彝语

调查对象：麻卡拉洛（尼尔村，彝族，59 岁）

调查时间：2006 年 7 月 13 日

表 33　木乃有都语言使用情况调查表

		新中国成立前（1949年前）	改革开放前（1949—1978年）	改革开放后（1978年后）
见面打招呼		彝语	彝语	彝语
聊天		彝语	彝语	彝语
田间地头		彝语	彝语	彝语
集市、商店		彝语	彝语	彝语,汉语
卫生院、邮电局		彝语	彝语	彝语,汉语
开会	开场白		彝语	彝语
	传达上级指示		彝语	彝语
	个人发言		彝语	彝语
广播用语			彝语,汉语	彝语,汉语
学校	课堂用语	彝语	彝语,汉语	彝语,汉语
	课外用语	彝语	彝语,汉语	彝语,汉语
节日		彝语	彝语	彝语
婚嫁仪式		彝语	彝语	彝语
丧葬仪式		彝语	彝语	彝语

调查对象：木乃有都（斯觉乡,彝族,63岁）

调查时间：2006年7月16日

表 34　杨开英语言使用情况调查表

		新中国成立前（1949年前）	改革开放前（1949—1978年）	改革开放后（1978年后）
见面打招呼			藏语,彝语,汉语	藏语,彝语,汉语
聊天			藏语,彝语,汉语	藏语,彝语,汉语
田间地头			藏语,彝语,汉语	藏语,彝语,汉语
集市、商店			汉语	汉语
卫生院、邮电局			汉语	汉语
开会	开场白			藏语
	传达上级指示			藏语
	个人发言			藏语
广播用语				汉语
学校	课堂用语			汉语
	课外用语			汉语
节日			藏语	藏语
婚嫁仪式			藏语	藏语
丧葬仪式			藏语	藏语

调查对象：杨开英（蓼坪乡清水村,藏族,32岁）

调查时间：2006年7月17日

二 调查问卷选登

（一）

彝族语言观念调查表

1. 您认为学习和掌握汉语有用吗？
   A. 很有用　　B. 有些用　　C. 没有用

如果第 1 题选择 A 或 B,请回答第 2 题

2. 您认为学好汉语是为了:(按重要程度依次标出顺序)
   A. 找到好的工作,得到更多的收入（1）
   B. 升学的需要（3）
   C. 便于与外族人交流（2）
   D. 了解汉族文化（4）
   E. 其他目的,请注明：_____

3. 您认为学习和掌握彝语有用吗？
   A. 很有用　　B. 有些用　　C. 没有用

如果第 3 题选择 A 或 B,请回答第 4 题

4. 您认为学好彝语是为了:(按重要程度依次标出顺序)
   A. 找到好的工作,得到更多的收入（　）
   B. 升学的需要（　）
   C. 便于与本族人交流（1）
   D. 了解本族文化（2）
   E. 其他目的,请注明：_____

5. 您是否希望彝族人都成为"彝语—汉语"双语人？
   A. 迫切需要　　B. 顺其自然　　C. 无所谓　　D. 不希望

6. 您是否希望彝族人都成为彝语单语人？
   A. 迫切需要　　B. 顺其自然　　C. 无所谓　　D. 不希望

7. 您是否希望彝族人都成为汉语单语人？
   A. 迫切需要　　B. 顺其自然　　C. 无所谓　　D. 不希望

8. 如果有人在外地学习或工作几年后回到凉山,不再愿说家乡话或者是彝语,您的态度是？
   A. 可以理解　　B. 反感　　C. 听着别扭　　D. 不习惯　　E. 无所谓

9. 您希望子女最好说什么语言?

　　A. 普通话　　B. 彝语　　C. 当地汉语方言　　D. 普通话和彝语　　E. 无所谓

10. 如果您家附近有两所学校,一所用汉语和彝语授课(甲),一所用汉语和英语授课(乙)。您会送子女去哪一所学校?

　　A. 甲　　　　B. 乙

11. 您希望本地广播站使用什么语言广播?

　　A. 普通话　　B. 彝语　　C. 当地汉语方言　　D. 普通话和彝语　　E. 无所谓

12. 您是否赞成少数民族地区的广告、招牌、标语使用少数民族文字?

　　A. 赞成　　B. 不赞成　　C. 无所谓

(二)

彝族语言观念调查表

1. 您认为学习和掌握汉语有用吗?

　　A. 很有用　　B. 有些用　　C. 没有用

如果第1题选择 A 或 B,请回答第2题

2. 您认为学好汉语是为了:(按重要程度依次标出顺序)

　　A. 找到好的工作,得到更多的收入(3)

　　B. 升学的需要(4)

　　C. 便于与外族人交流(1)

　　D. 了解汉族文化(2)

　　E. 其他目的,请注明:_____

3. 您认为学习和掌握彝语有用吗?

　　A. 很有用　　B. 有些用　　C. 没有用

如果第3题选择 A 或 B,请回答第4题

4. 您认为学好彝语是为了:(按重要程度依次标出顺序)

　　A. 找到好的工作,得到更多的收入(3)

　　B. 升学的需要(4)

　　C. 便于与本族人交流(1)

　　D. 了解本族文化(2)

　　E. 其他目的,请注明:_____

5. 您是否希望彝族人都成为"彝语—汉语"双语人?

　　A. 迫切需要　　B. 顺其自然　　C. 无所谓　　D. 不希望

6. 您是否希望彝族人都成为彝语单语人？

　　A. 迫切需要　　B. 顺其自然　　C. 无所谓　　D. 不希望

7. 您是否希望彝族人都成为汉语单语人？

　　A. 迫切需要　　B. 顺其自然　　C. 无所谓　　D. 不希望

8. 如果有人在外地学习或工作几年后回到凉山，不再愿说家乡话或者是彝语，您的态度是？

　　A. 可以理解　　B. 反感　　C. 听着别扭　　D. 不习惯　　E. 无所谓

9. 您希望子女最好说什么语言？

　　A. 普通话　　B. 彝语　　C. 当地汉语方言　　D. 普通话和彝语　　E. 无所谓

10. 如果您家附近有两所学校，一所用汉语和彝语授课（甲），一所用汉语和英语授课（乙）。您会送子女去哪一所学校？

　　A. 甲　　　B. 乙

11. 您希望本地广播站使用什么语言广播？

　　A. 普通话　　B. 彝语　　C. 当地汉语方言　　D. 普通话和彝语　　E. 无所谓

12. 您是否赞成少数民族地区的广告、招牌、标语使用少数民族文字？

　　A. 赞成　　B. 不赞成　　C. 无所谓

三 彝语九百词测试表

（一）测试内容及方法

1. 测试内容

词汇是语言要素的核心部分，是语言调查不可缺少的内容。根据词性的不同和词汇的使用频率，我们选用 900 个基本词汇并分为如下几类：一、反映自然现象的词汇；二、反映方位的词汇；三、反映身体部位的词汇；四、反映亲属称谓的词汇；五、反映生活用品的词汇；六、反映动植物的词汇；七、反映宗教文化的词汇；八、句子里出现的结构词。这些词汇中不包括彝语中没有的词，如"瓜""颜色""姐夫""很""最"等。

2. 测试方法

为了能正确反映彝语的使用情况，我们按照不同年龄、职业选择调查对象，把调查对象锁定在 40 岁以下不同文化层次的彝族青少年，如宾馆服务员、农民、国家公务员、在读大学生、高中生、初中生、小学生。彝语是甘洛彝族的通用语言，甘洛境内有三个彝语土语，即圣乍、义诺和田坝土语，其中田坝土语在甘洛县辖区分布较广，包括田坝、玉田、苏雄、城关镇。由于彝文规范后进入农村彝区中小学，彝语标准音喜德话除了通过电影、电视、广播等媒体宣传得到了推广外，还通过彝族乡村学校进入到彝族社区。根据语音借词规律，我们使用彝语标准音和当地汉语四川方言来进行测试。

按四个等级来测试被调查者的语言使用情况，即：A. 熟练，B. 一般，C. 提示，D. 不会。"熟练"为不假思索就能脱口而出者，"一般"为通过一定时间才说出者，"提示"为部分忘记经提示后说出者，"不会"为无法说出者。

（二）测试结果与统计

测试结果表明：表中 A 为 7852 个，B 为 587 个，C 为 489 个，D 为 72 个。反映出五种情况：1.10 岁以上的被测试者都能掌握彝语的基本词汇，即大部分词汇测试都达到 A 级。2. 彝藏杂居区的藏族已熟练地掌握了彝语，有的彝语能力已超过了部分彝族人。3.10 岁以下的彝族学生，由于没有对其进行过彝语标准语教学，调查中对彝语的理解能力较差。4. 已会彝语的藏族干部由于工作中汉语的使用频率高于彝语，彝语能力有退化趋势。5. 彝语掌握程度具有明显的城乡区别和职业区别。下面为四个等级测试情况统计图：

图1 彝语四个等级测试情况统计图

四个等级测试情况统计图

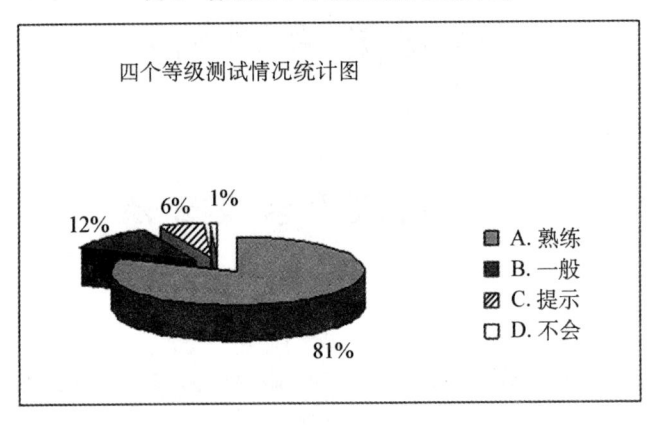

- A. 熟练 81%
- B. 一般 12%
- C. 提示 6%
- D. 不会 1%

表35 彝语900个词测试统计表

编号	汉语	彝语（标准语）	1	2	3	4	5	6	7	8	9	10
			\multicolumn{10}{c}{被调查人的代号和测试结果}
1	天	mu^{33}	A	A	A	A	A	A	A	A	A	B
2	太阳	$ho^{33} bu^{33}$	A	A	A	A	A	A	A	A	A	B
3	月亮	$ɬo^{21} bo^{21}$	A	A	A	A	A	A	A	A	A	A
4	星星	$mu^{33} tɕĩ^{33}$	A	A	A	A	A	A	A	A	A	A
5	雷	$mu^{33} tsĩ^{33}$	A	A	A	A	A	A	A	A	A	A
6	云	$mu^{33} ti^{33}$	A	A	A	A	A	A	A	A	A	A
7	风	$mu^{33} ɬĩ^{33}$	A	A	A	A	A	A	A	A	A	A
8	雨	$ma^{33} ha^{33}$	A	A	A	A	A	A	A	A	A	A
9	雪	vo^{33}	A	A	A	A	A	A	A	A	A	A
10	水	$ʐĩ^{33}$	A	A	A	A	A	A	A	A	A	A
11	泡沫	$pu^{21} ɬĩ^{55}$	B	B	A	B	A	C	A	B	A	C
12	冰	$ndʐo^{55}$	A	A	A	A	A	A	A	A	A	C
13	雾	$ho^{55} ʂĩ^{33}$	A	A	A	A	A	A	A	A	A	C
14	霜	hi^{33}	A	A	B	A	A	A	A	A	A	C
15	露	$tʂhɯ^{55}$	A	B	B	A	A	A	A	A	A	C
16	雹子	$dʐo^{33}$	B	A	A	A	A	A	A	A	A	D
17	地(天地)	$mu^{33} dɯ^{33}$	A	A	A	A	A	A	A	B	A	A
18	河	$ʐĩ^{21} mo^{21}$	A	A	A	A	A	A	A	A	A	B
19	海	$ʂu^{33}$	A	B	B	A	B	B	B	B	B	C
20	湖	$ʂu^{33} xo^{33}$	B	A	A	B	A	B	B	B	A	D
21	池塘	$ʐĩ^{21} thi^{33}$	A	A	B	B	A	B	B	B	A	B
22	井	$ʐĩ^{33} dʐu^{33}$	A	A	A	A	A	A	A	A	A	B
23	沟	$la^{33} da^{33}$	A	A	A	A	A	A	A	A	A	B
24	田(水田)	$tʂhɯ^{33} mu^{33}$	A	A	A	A	A	A	A	A	B	B
25	山	bo^{33}	A	A	A	A	A	A	A	A	A	B
26	地(旱地)	$ndi^{21} mu^{33}$	A	A	A	A	A	A	A	A	A	A
27	平原	$dʐo^{21} ba^{55}$	A	A	A	A	A	A	A	A	A	A

(续表)

28	土(干土)	sɿ³³ tɕo³³	A	A	A	A	A	A	A	A	A
29	泥(稀泥)	ȵi²¹ ba³³	A	A	A	A	A	A	A	A	C
30	山洞	va⁵⁵ dʐu³³	A	A	A	A	A	A	A	A	C
31	金子	sɿ³³	A	A	A	A	A	A	A	A	C
32	银子	tɕhu³³	A	A	A	A	A	A	A	A	C
33	铜	dzɿ³³	A	A	A	A	A	A	A	A	C
34	铁	ʂɯ³³	A	A	A	A	A	A	A	A	C
35	钢	ka³³	A	A	A	A	A	A	A	A	C
36	锡	tʂho⁵⁵	A	A	A	A	A	A	A	A	C
37	石头	lu³³ ma⁵⁵	A	A	A	A	A	A	A	A	C
38	沙子	lu³³ dzɿ³³ zɯ³³	A	A	B	B	B	B	B	A	D	C
39	尘土	sɿ³³ tɕo³³	B	B	B	B	B	B	B	B	D	C
40	煤	tsa³³ si³³	A	B	B	B	C	C	C	C	D	C
41	火	mu²¹ tu⁵⁵	A	A	A	A	A	A	A	C	C
42	火葬	tɕhɿ³³	A	A	A	A	A	A	A	A	A
43	烟(炊烟)	mu³³ ku³³	A	A	A	A	A	A	A	A	A
44	东	bu³³ du³³	A	A	A	A	A	A	A	C	C
45	西	bu³³ dʑi³³	A	A	A	A	A	A	A	C	C
46	南	ʐɿ³³ mɿ³³	A	A	A	A	A	A	A	C	C
47	北	ʐɿ³³ o³³	A	A	A	A	A	A	A	C	C
48	前	mɛ²¹	A	A	A	A	A	A	A	C	C
49	后	ɣa³³	A	A	A	A	A	A	A	C	C
50	左	la³³ vɿ³³	A	A	A	A	A	A	A	C	C
51	右	la³³ ʑɿ³³	A	A	A	A	A	A	A	C	C
52	旁边	bo²¹ bo³³	A	A	A	A	A	A	A	A	A
53	上面	tho⁵⁵	A	A	A	A	A	A	A	A	A
54	下面	o⁵⁵	A	A	A	A	A	A	A	A	A
55	里面	khu³³ tɕo³³	A	A	A	A	A	A	A	A	A
56	外面	hi³³ tɕo⁴⁴	A	A	A	A	A	A	A	A	A
57	时候	thɯ³³ ko³³	A	A	A	A	A	A	A	C	D
58	年	khu⁵⁵	A	A	A	A	A	A	A	A	C
59	岁	khu⁵⁵	A	A	A	A	A	A	A	A	C
60	今年	ʂu³³ khu⁵⁵	A	A	A	A	A	A	A	A	C
61	去年	a²¹ hi⁵⁵ di²¹ khu⁵⁵	A	A	A	A	A	A	A	A	C
62	明年	ȵa⁵⁵ ha³³ di²¹ khu⁵⁵	A	A	A	A	A	A	A	A	C
63	前年	sɿ²¹ ʑi³³ di²¹ khu⁵⁵	A	A	A	A	A	A	A	A	C
64	后年	ȵo³³ ha³³ di²¹ khu⁵⁵	A	A	A	A	A	A	A	A	C
65	春	mu³³ ȵi³³	A	A	A	A	A	A	A	C	C
66	夏	mu³³ ʂɯ³³	A	A	A	A	A	A	A	D	C
67	秋	mu³³ tʂhu³³	A	A	A	A	A	A	A	C	C
68	冬	mu³³ tshu³³	A	A	A	A	A	A	A	C	C
69	月(月份)	ɬɯ²¹	A	A	A	A	A	A	A	A	C

(续表)

70	正月	tsʅ²¹ ɬɯ²¹	B	B	B	B	B	B	B	C	C	C
71	二月	ȵi²¹ ɬɯ²¹	B	B	B	B	B	B	B	C	C	C
72	三月	so³³ ɬɯ²¹	B	B	B	B	B	B	B	C	C	C
73	四月	ɬɿ³³ ɬɯ²¹	B	B	B	B	B	B	B	C	C	C
74	五月	ŋɯ³³ ɬɯ²¹	B	B	B	B	B	B	B	C	C	C
75	六月	xu⁵⁵ ɬɯ²¹	B	B	B	B	B	B	B	C	C	C
76	七月	ʂʅ²¹ ɬɯ²¹	B	B	B	B	B	B	B	C	C	C
77	八月	hi⁵⁵ ɬɯ²¹	B	B	B	B	B	B	B	C	C	C
78	九月	gu³³ ɬɯ²¹	B	B	B	B	B	B	B	C	C	C
79	十月	tshɛ³³ ɬɯ²¹	B	B	B	B	B	B	B	C	C	C
80	十一月	tshi³³ tsʅ³³ ɬɯ²¹	B	B	B	B	B	B	B	C	C	C
81	十二月	tshi³³ ȵi⁵⁵ ɬɯ²¹	B	B	B	B	B	B	B	C	C	C
82	天(日)	ȵi²¹	A	A	A	A	A	A	A	A	A	C
83	今天	i²¹ ȵi²¹	A	A	A	A	A	A	A	A	A	C
84	昨天	a²¹ ndi²¹ hi³³	A	A	A	A	A	A	A	A	A	C
85	前天	ʂʅ³³ zi³³ ȵi²¹	A	A	A	A	A	A	A	A	A	C
86	明天	mo²¹ ʂʅ³³ ȵi²¹	A	A	A	A	A	A	A	A	A	C
87	后天	sa³³ pho⁵⁵ ȵi²¹	A	A	A	A	A	A	A	A	A	C
88	初一	dɔ³³ tshʅ²¹	A	A	A	A	A	A	A	A	A	A
89	初二	dɔ³³ ȵi²¹	A	A	A	A	A	A	A	A	A	A
90	初三	dɔ³³ so³³	A	A	A	A	A	A	A	A	A	A
91	初五	dɔ³³ ŋɯ³³	A	A	A	A	A	A	A	A	A	A
92	初十	dɔ³³ tshɛ³³	A	A	A	A	A	A	A	A	A	A
93	十一	tshi³³ tsʅ³³	A	A	A	A	A	A	A	A	A	A
94	十五	tshi³³ ŋɯ³³	A	A	A	A	A	A	A	A	A	A
95	十六	tshi³³ fu⁵⁵	A	A	A	A	A	A	A	A	A	A
96	三十	so³³ tshi³³	A	A	A	A	A	A	A	A	A	A
97	白天	mu³³ ni²¹	A	A	A	A	A	A	A	A	A	A
98	早晨	ʂɯ³³ tɯ³³	A	A	A	A	A	A	A	A	A	A
99	中午	bu²¹ dzi³³	A	A	A	A	A	A	A	A	A	A
100	夜里	mu³³ khɯ⁵⁵	A	A	A	A	A	A	A	A	A	A
101	现在	a²¹ mu³³	A	A	A	A	A	A	A	A	A	A
102	从前	a²¹ hi⁵⁵ mo²¹	A	A	A	A	A	A	A	A	A	A
103	今后	tshʅ³³ ʁa³³	A	A	A	A	A	A	A	A	A	A
104	牛	lɯ³³	A	A	A	A	A	A	A	A	A	A
105	水牛	ʑʅ³³ ȵi³³	A	A	A	A	A	A	A	A	A	A
106	黄牛	nɔ³³ ȵi³³	A	A	A	A	A	A	A	A	A	A
107	马	mu³³	A	A	A	A	A	A	A	A	A	A
108	猪	vo⁵⁵	A	A	A	A	A	A	A	A	A	A
109	羊	ʐo³³	A	A	A	A	A	A	A	A	A	A
110	山羊	tʂhʅ⁵⁵	A	A	A	A	A	A	A	A	A	A
111	狗	khɯ³³	A	A	A	A	A	A	A	A	A	A

（续表）

112	猫	a³³ȵi³³	A	A	A	A	A	A	A	A	A	A
113	兔子	thu²¹ɬɯ³³	B	B	B	B	B	B	B	B	D	C
114	龙	lu³³	A	A	A	A	A	A	A	A	A	A
115	象	li²¹vo⁵⁵	A	A	A	A	A	A	A	A	A	A
116	虎	la⁵⁵	A	A	A	A	A	A	A	A	A	A
117	熊	ɤo³³	A	A	A	A	A	A	A	A	A	A
118	豹	zɿ⁵⁵	A	A	A	A	A	A	A	A	A	A
119	野猪	vo⁵⁵ti³³	A	A	A	A	A	A	A	A	C	C
120	猴子	a³³ȵo⁵⁵	A	A	A	A	A	A	A	A	C	C
121	狼	la⁵⁵ɬi²¹	A	A	A	A	A	A	A	A	C	C
122	麂子	tɕʰɿ³³	A	A	A	A	A	A	A	A	C	C
123	老鼠	a³³he³³	A	A	A	A	A	A	A	A	C	C
124	鸡	va³³	A	A	A	A	A	A	A	A	C	C
125	公鸡	va³³pu³³	A	A	A	A	A	A	A	A	C	C
126	母鸡	va³³ma⁵⁵	A	A	A	A	A	A	A	A	C	C
127	鸭子	ɛ³³	A	A	A	A	A	A	A	A	C	C
128	鸽子	a²¹ɬɿ³³	B	B	B	B	B	B	B	B	C	C
129	鹅	o²¹	A	A	A	A	A	A	A	A	C	C
130	野鸡	ʂu³³	A	A	A	A	A	A	A	A	C	C
131	鸟	he³³tsɿ³³	A	A	A	A	A	A	A	A	A	A
132	老鹰	tɕo⁵⁵	A	A	A	A	A	A	A	A	A	A
133	乌鸦	a³³dʑi³³	A	A	A	A	A	A	A	A	C	C
134	喜鹊	a³³tʂʰa⁵⁵	A	A	A	A	A	A	A	A	C	C
135	燕子	zɿ³³ʂɿ³³bu⁵⁵ɬu²¹	A	A	A	A	A	A	A	A	C	C
136	麻雀	he³³tsɿ³³	A	A	A	A	A	A	A	A	C	C
137	蝙蝠	he³³ɬu²¹	A	A	A	A	A	A	A	A	C	C
138	青蛙	ɔ³³pa³³	A	A	A	A	A	A	A	A	C	C
139	鱼	hɯ³³	A	A	A	A	A	A	A	A	C	C
140	蜜蜂	dzi³³	A	A	A	A	A	A	A	A	C	C
141	黄蜂	dʑi²¹mo²¹	A	A	A	A	A	A	A	A	C	C
142	蝴蝶	bu²¹ɬu³³	A	A	A	A	A	A	A	A	C	C
143	蜻蜓	tʂʰe³³	A	A	A	A	A	A	A	A	C	C
144	蟋蟀	bu³³ɕo⁵⁵lo⁵⁵	A	A	A	A	A	A	A	A	C	C
145	蚱蜢	tʂʰa⁵⁵ku³³	B	B	B	B	B	B	B	B	C	C
146	蚂蚁	bu⁵⁵vu²¹	A	A	A	A	A	A	A	A	C	C
147	蜘蛛	bu³³ȵi²¹mo²¹	A	A	A	A	A	A	A	A	C	C
148	跳蚤	kʰɯ³³ʂɯ³³	A	A	A	A	A	A	A	A	C	C
149	虱子	ko²¹bo³³ʂɯ³³	A	A	A	A	A	A	A	A	C	C
150	头虱	i³³tɕʰi³³ʂɯ³³	A	A	A	A	A	A	A	A	C	C
151	苍蝇	zo³³mu³³	A	A	A	A	A	A	A	A	C	C
152	蚊子	bu²¹zɯ³³	A	A	A	A	A	A	A	A	C	C
153	蚯蚓	tsa³³bu²¹di³³	A	A	A	A	A	A	A	A	C	C

(续表)

154	蚂蟥	nbi^{55}	A	A	A	A	A	A	A	C	C
155	虫	bu^{33}	A	A	A	A	A	A	A	C	C
156	蛋	tɕhi^{21}	A	A	A	A	A	A	A	C	C
157	翅膀	du^{33}	A	A	A	A	A	A	A	C	C
158	毛	ȵɛ^{33}	A	A	A	A	A	A	A	C	C
159	爪	si^{33}	A	A	A	A	A	A	A	C	C
160	蹄(马蹄)	bi^{55}	A	A	A	A	A	A	A	A	A
161	角	xo^{33}	A	A	A	A	A	A	A	A	A
162	尾巴	mɪ^{33}	A	A	A	A	A	A	A	A	A
163	鸡冠	ndzu^{21}	A	A	A	A	A	A	A	A	A
164	鳃	bu^{21} ku^{33}	A	A	A	A	A	A	A	C	C
165	鳞	bu^{21} ku^{55}	A	A	A	A	A	A	A	C	C
166	树	sɿ^{33}	A	A	A	A	A	A	A	C	C
167	松树	thɯ^{33}	A	A	A	A	A	A	A	C	C
168	杉树	ʂu^{55}	A	A	A	A	A	A	A	D	D
169	柳树	ʐɿ^{33} tshi^{33}	A	A	A	A	A	A	A	D	C
170	榕树	va^{55} ȵo^{33}	A	A	A	A	A	A	A	C	C
171	竹子	ma^{33}	A	A	A	A	A	A	A	A	A
172	竹笋	ma^{21} nu^{55}	A	A	A	A	A	A	A	A	A
173	稻子	tʂhɯ^{33}	A	A	A	A	A	A	A	A	A
174	高粱	ma^{33} ʐo^{33}	A	A	A	A	A	A	A	A	A
175	玉米	i^{55} mu^{21}	A	A	A	A	A	A	A	A	A
176	甘薯	a^{33} mu^{33}	A	A	A	A	A	A	A	A	A
177	芋头	ʐɿ^{33} dzᵻi^{33}	A	A	A	A	A	A	A	C	C
178	甘蔗	ma^{33} dʑi^{33}	A	A	A	A	A	A	A	A	A
179	棉花	sa^{33} lɯ^{33}	A	A	A	A	A	A	A	D	D
180	豆子	nu^{33}	A	A	A	A	A	A	A	A	A
181	南瓜	tu^{33} ka^{33}	A	A	A	A	A	A	A	C	C
182	黄瓜	sɿ^{33} khɯ^{33}	A	A	A	A	A	A	A	A	A
183	茄子	ŋgɯ^{21} tsɿ^{33}	A	A	A	A	A	A	A	C	C
184	蔬菜	vo^{21}	A	A	A	A	A	A	A	C	C
185	白菜	ha^{33} pi^{55}	A	A	A	A	A	A	A	C	C
186	萝卜	vo^{21} ndzi^{33}	A	A	A	A	A	A	A	C	C
187	蒜	ka^{33} si^{33}	A	A	A	A	A	A	A	A	A
188	姜	tɕhɿ^{33} phɿ^{33}	A	A	A	A	A	A	A	D	D
189	辣椒	ʂa^{33} dzɿ^{55}	A	A	A	A	A	A	A	A	A
190	水果	sɿ^{33} dza^{33} lu^{33} ma^{33}	A	A	A	A	A	A	A	A	A
191	桃子	sɿ^{21} vo^{33}	A	A	A	A	A	A	A	A	A
192	柿子	ȵi^{33} bu^{33}	B	A	A	A	C	C	C	D	D
193	葡萄	ȵi^{33} mo^{21} sɿ^{21} vu^{33}	C	C	C	C	C	C	C	D	D
194	烟	ʑi^{33}	A	A	A	A	A	A	A	A	A
195	草	rɿ^{33}	A	A	A	A	A	A	A	A	A

(续表)

196	茅草	rʅ³³ zʅ³³	C	C	C	C	C	C	C	C	C	C
197	稻草	tʂhuɯ³³ rʅ³³	A	A	A	A	A	A	A	A	A	A
198	菌子	mu³³	A	A	A	A	A	A	A	A	A	A
199	种子	lʅ²¹	A	A	A	A	A	A	A	A	C	C
200	根	ndʐi²¹	A	A	A	A	A	A	A	A	A	A
201	茎	ko⁵⁵	B	A	B	B	B	A	B	A	A	A
202	叶子	tɕhi³³	A	A	A	A	A	A	A	A	A	A
203	树枝	sʅ³³ ko⁵⁵	A	A	A	A	A	A	A	A	A	A
204	芽	ni³³ bu²¹	A	A	A	A	A	A	A	A	A	A
205	核(果核)	tɕu³³	A	A	A	A	A	A	A	A	C	C
206	花	vɛ³³	A	A	A	A	A	A	A	A	A	C
207	穗子	tʂhu³³ bo³³	A	A	A	A	A	A	A	A	A	C
208	刺	tʂhu³³	A	A	A	A	A	A	A	A	A	A
209	身体	ko²¹ bo³³	A	A	A	A	A	A	A	A	A	C
210	头	i³³ tɕhi³³	A	A	A	A	A	A	A	A	A	C
211	额头	ȵo³³ bu²¹	A	B	A	B	A	B	A	B	A	C
212	头发	o³³ ȵɛ³³	A	A	A	A	A	A	A	A	A	C
213	辫子	o³³ tɕi⁵⁵	A	A	A	A	A	A	A	A	A	C
214	脑髓	o³³ nu⁵⁵	A	A	A	A	A	A	A	A	A	A
215	脸	kha³³ ȵo³³	A	A	A	A	A	A	A	A	A	A
216	眉毛	ȵo³³ mu³³	A	A	A	A	A	A	A	A	A	A
217	眼睛	ȵo³³ dzʅ²¹	A	A	A	A	A	A	A	A	A	A
218	眼泪	ȵo³³ bʅ²¹	A	A	A	A	A	A	A	A	A	A
219	鼻子	na²¹ bi⁵⁵	A	A	A	A	A	A	A	A	A	A
220	耳朵	na²¹ po³³	A	A	A	A	A	A	A	A	A	A
221	嘴	kha²¹ phi⁵⁵	A	A	A	A	A	A	A	A	A	A
222	嘴唇	mi²¹ ndʐʅ³³	A	A	A	A	A	A	A	A	A	A
223	牙齿	dzʅ³³ ma³³	A	A	A	A	A	A	A	A	A	A
224	舌头	ha³³ nɛ³³	A	A	A	A	A	A	A	A	A	C
225	胡子	mɛ²¹ tsʅ⁵⁵	A	A	A	A	A	A	A	A	A	C
226	脖子	ku²¹ li³³	A	A	A	A	A	A	A	A	A	C
227	喉咙	fu²¹ li²¹ bi³³	A	A	A	A	A	A	A	A	A	A
228	肩膀	i⁵⁵ bo³³	A	A	A	A	A	A	A	A	A	A
229	手	lo⁵⁵	A	A	A	A	A	A	A	A	A	C
230	胳臂	ɬo²¹ bo²¹ ɣa³³ tso³³	A	A	A	A	A	A	A	A	A	A
231	手指	lo⁵⁵ tɕi³³	A	A	A	A	A	A	A	A	A	C
232	指甲	lo⁵⁵ si³³	A	A	A	A	A	A	A	A	A	A
233	胸脯	ŋo³³ tɕo³³	A	A	A	A	A	A	A	A	A	A
234	脊背	kɯ²¹ dɯ³³	A	A	A	A	A	A	A	A	A	A
235	乳房	a³³ nɛ³³	A	A	A	A	A	A	A	A	A	A
236	肚(腹部)	i²¹ mo²¹	A	A	A	A	A	A	A	A	A	A
237	肚脐	tɕho³³ bu²¹ di³³	A	A	C	A	A	B	A	B	B	C

(续表)

238	腰	dʐu⁵⁵ sɿ²¹	A	A	A	A	A	A	A	A	A
239	脚	tɕi³³ ɕɿ³³	A	A	A	A	A	A	A	A	A
240	腿(大)	bu³³ lɛ	A	A	A	A	A	A	A	A	A
241	腿(小)	ɕɿ³³ da³³	A	A	A	A	A	A	A	A	A
242	膝盖	ba²¹ tsɿ²¹	A	A	A	A	A	A	A	B	C
243	腋下	ɛ⁵⁵ vu³³	A	A	A	A	A	A	A	A	C
244	皮肤	dʐɿ³³ ku³³	A	A	A	A	A	A	A	C	C
245	骨头	ʁu²¹ du³³	A	A	A	A	A	A	A	A	C
246	筋	go³³	B	B	B	B	B	B	B	C	C
247	血	sɿ³³	A	A	A	A	A	A	A	B	B
248	胃	hi⁵⁵	A	A	A	A	A	A	A	B	B
249	肾	o³³ vu³³ ma²¹ ma³³	A	A	A	A	A	A	A	B	B
250	肠子	vu³³	A	A	A	A	A	A	A	B	B
251	心	hɛ³³ ma⁵⁵	A	A	A	A	A	A	A	B	B
252	肝	si²¹	A	A	A	A	A	A	A	B	B
253	肺	tshɿ²¹	A	A	A	A	A	A	A	B	B
254	胆	tɕɿ³³	A	A	A	A	A	A	A	B	B
255	膀胱	hi⁵⁵ bo³³	A	A	A	A	A	A	A	B	B
256	汗	gu²¹ ma³³	A	A	A	A	A	A	A	A	A
257	鼻涕	na²¹ bi⁵⁵	A	A	A	A	A	A	A	A	A
258	痰	tsɿ²¹ vu⁵⁵	A	A	A	A	A	A	A	A	B
259	口水	tɕɛ²¹ vu⁵⁵	A	A	A	A	A	A	A	A	B
260	奶	ȵi²¹	A	A	A	A	A	A	A	A	A
261	屎	tɕhɿ³³	A	A	A	A	A	A	A	A	A
262	尿	zɿ³³	A	A	A	A	A	A	A	A	A
263	疮	na³³ bu³³	A	A	A	A	A	A	A	B	B
264	脓	ndʑi³³	A	A	A	A	A	A	A	A	A
265	人	tsho³³	A	A	A	A	A	A	A	A	A
266	男人	zɯ³³ vo³³	A	A	A	A	A	A	A	A	A
267	女人	si³³ ni³³	A	A	A	A	A	A	A	A	A
268	老人	mo²¹ su³³	A	A	A	A	A	A	A	A	A
269	青年男子	su³³ ɬi⁵⁵	A	A	A	A	A	A	A	B	B
270	青年女子	ɕɿ²¹ ɬɛ³³	A	A	A	A	A	A	A	B	B
271	儿童	a³³ ho³³	A	A	A	A	A	A	A	B	B
272	朋友	tɕho²¹ po³³	A	A	A	A	A	A	A	C	C
273	敌人	bu³³ dʑi³³	A	A	A	A	A	A	A	C	C
274	主人	vi²¹ si³³	A	A	A	A	A	A	A	C	C
275	客人	di²¹ vi³³	A	A	A	A	A	A	A	C	C
276	瞎子	nɔ³³ bi⁵⁵	A	A	A	A	A	A	A	C	C
277	聋子	lo³³ bo³³	A	A	A	A	A	A	A	C	C
278	哑巴	kɯ³³ mo³³	A	A	A	A	A	A	A	C	C
279	疯子	tsho³³ vu⁵⁵	A	A	A	A	A	A	A	C	C

（续表）

280	跛子	tɕhɛ³³ pɛ³³	A	A	A	A	A	A	A	A	C	C
281	木匠	sʅ³³ tsʅ⁵⁵ lu⁵⁵ ku⁵⁵	A	A	A	A	A	A	A	A	C	C
282	同志	tɕho²¹ po³³	C	C	C	C	C	C	C	C	C	C
283	群众	ho⁵⁵ pu⁵⁵	C	C	C	C	C	C	C	C	C	C
284	官	ki³³ zɯ³³	A	A	A	A	A	A	A	A	C	B
285	兵	mɔ⁵⁵ ʐo²¹	A	A	A	A	A	A	A	A	A	A
286	工人	kɯ⁵⁵ mu³³ tsho³³	A	A	A	A	A	A	A	A	C	C
287	农民	n̥o²¹ mu³³ tsho³³	A	A	A	A	A	A	A	A	C	C
288	医生	n̥a³³ hɯ⁴⁴ tsho³³	A	A	A	A	A	A	A	A	C	C
289	老师	m̥a⁵⁵ mo²¹	A	A	A	A	A	A	A	A	C	C
290	学生	zo³³ tsɯ³³	A	A	A	A	A	A	A	A	C	C
291	代表	bo³³ dʐo⁴⁴	C	C	C	C	C	C	C	C	C	C
292	模范	zo³³ ba³³	C	C	C	C	C	C	C	C	C	C
293	英雄	za³³ khɔ³³	A	A	A	A	A	A	A	A	C	C
294	民族	tsho³³ tshu⁴⁴	A	A	A	A	A	A	A	A	D	D
295	彝族	nɔ³³ su³³	A	A	A	A	A	A	A	A	A	A
296	汉族	hɛ³³ ŋa⁵⁵	A	A	A	A	A	A	A	A	A	A
297	藏族	o²¹ dzu²¹	A	A	A	A	A	A	A	A	A	A
298	祖父	a⁴⁴ vo³³	A	A	A	A	A	A	A	A	A	A
299	祖母	a³³ phʅ³³	A	A	A	A	A	A	A	A	A	A
300	父亲	a²¹ bo³³	A	A	A	A	A	A	A	A	A	A
301	母亲	a³³ mo³³	A	A	A	A	A	A	A	A	A	A
302	伯父	pha⁵⁵ vu³³	A	A	A	A	A	A	A	A	A	A
303	伯母	mo²¹ n̥i³³	A	A	A	A	A	A	A	A	A	A
304	叔父	pha⁵⁵ vu³³	A	A	A	A	A	A	A	A	A	A
305	叔母	mo²¹ n̥i³³	A	A	A	A	A	A	A	A	A	A
306	姑父	pha⁵⁵ vu³³	A	A	A	A	A	A	A	A	A	A
307	姑母	mo²¹ n̥i³³	A	A	A	A	A	A	A	A	C	C
308	舅父	o³³ n̥i³³	A	A	A	A	A	A	A	A	C	C
309	舅母	a³³ bo³³	A	A	A	A	A	A	A	A	C	C
310	姨父	pha⁵⁵ vu³³	A	A	A	A	A	A	A	A	C	C
311	姨母	mo²¹ n̥i³³	A	A	A	A	A	A	A	A	C	C
312	外祖父	o³³ phu³³	A	A	A	A	A	A	A	A	C	C
313	外祖母	a³³ ma⁵⁵	A	A	A	A	A	A	A	A	C	C
314	岳父	o³³ n̥i³³	A	A	A	A	A	A	A	A	C	C
315	岳母	a³³ bo³³	A	A	A	A	A	A	A	A	C	C
316	哥哥	vʅ⁵⁵ vu⁵⁵	A	A	A	A	A	A	A	A	A	A
317	姐姐	vu⁵⁵ mo²¹	A	A	A	A	A	A	A	A	A	A
318	嫂子	a²¹ mi³³	A	A	A	A	A	A	A	A	A	A
319	弟弟	i³³ ʐi³³	A	A	A	A	A	A	A	A	A	A
320	妹妹	n̥i³³ ma⁵⁵	A	A	A	A	A	A	A	A	A	A
321	丈夫	bo³³ bɯ³³	A	A	A	A	A	A	A	A	A	A

（续表）

322	妻子	ɕɿ²¹ mo²¹	A	A	A	A	A	A	A	A	A
323	儿子	zɯ³³	A	A	A	A	A	A	A	A	A
324	女儿	a²¹ mɿ³³	A	A	A	A	A	A	A	A	A
325	儿媳	zɯ³³ ɕɿ²¹	A	A	A	A	A	A	A	C	C
326	女婿	a²¹ mɿ³³ sa⁵⁵ vu³³	A	A	A	A	A	A	A	C	C
327	侄子	zɯ³³ ndu³³	A	A	A	A	A	A	A	C	C
328	侄女	a²¹ mɿ³³ ndu³³	A	A	A	A	A	A	A	C	C
329	孙子	lɿ³³ bu³³	A	A	A	A	A	A	A	C	C
330	孙女	lɿ³³ ma⁵⁵	A	A	A	A	A	A	A	A	A
331	房屋	ʐi³³	A	A	A	A	A	A	A	A	A
332	家	ʐi³³	A	A	A	A	A	A	A	C	C
333	墙壁	tsa³³ pho³³	A	A	A	A	A	A	A	C	C
334	柱子	zi³³ bo³³	A	A	A	A	A	A	A	C	C
335	梁	ti²¹ lo²¹	A	A	A	A	A	À	A	C	C
336	门	i²¹ kho³³	A	A	A	A	A	A	A	C	C
337	窗户	sɛ³³ ȵɔ³³	A	A	A	A	A	A	A	C	C
338	石灰	ha²¹ tsa³³	A	A	A	A	A	A	A	C	C
339	砖	tsa³³ ɣɔ³³ pa³³	A	A	A	A	A	A	A	C	C
340	瓦	ŋgu³³ lu³³	A	A	A	A	A	A	A	C	C
341	板子	sɿ³³ phi²¹	A	A	A	A	A	A	A	C	C
342	钉子	ʂɯ³³ khi³³	A	A	A	A	A	A	A	C	C
343	城	lu̠³³	A	A	A	A	A	A	A	C	B
344	村寨	ba²¹ ka³³	A	A	A	A	A	A	A	C	B
345	坟墓	di²¹ bo³³	A	A	A	A	A	A	A	C	C
346	粮仓	dza³³ ta³³ ʐi³³	A	A	A	A	A	A	A	C	C
347	篱笆	xɔ³³ ga³³	A	A	A	A	A	A	A	C	C
348	圈(牛)	lɯ³³ xo³³	A	A	A	A	A	A	A	C	C
349	窝(鸡)	va³³ xo³³	A	A	A	A	A	A	A	C	C
350	头帕	ɔ³³ thɛ³³	A	A	A	A	A	A	A	C	C
351	帽子	o²¹ lɿ³³	A	A	A	A	A	A	A	C	C
352	斗笠	ɬu⁵⁵ bu²¹	A	A	A	A	A	A	A	C	C
353	耳环	va³³ gu³³	A	A	A	A	A	A	A	B	B
354	手镯	lo⁵⁵ gu³³	A	A	A	A	A	A	A	B	B
355	戒指	lo⁵⁵ pi³³	A	A	A	A	A	A	A	B	B
356	衣服	vi⁵⁵ ga³³	A	A	A	A	A	A	A	B	B
357	袖子	lo⁵⁵ khɯ³³	A	A	A	A	A	A	A	C	C
358	蓑衣	ʂo³³ bo³³	A	A	A	A	A	A	A	A	A
359	裤子	ɬa⁵⁵	B	B	B	B	B	B	B	C	C
360	裙子	mbo³³	A	A	A	A	A	A	A	A	A
361	鞋	ɕɿ³³ nɛ³³	A	A	A	A	A	A	A	A	A
362	袜子	va²¹ tsɿ³³	A	A	A	A	A	A	A	A	A
363	蚊帐	bu³³ ga³³ du³³	B	B	B	B	B	B	B	D	C

(续表)

364	被子	i⁵⁵ bo²¹	A	A	A	A	A	A	A	A	A
365	席子	kho³³ lo³³	A	A	A	A	A	A	A	A	A
366	枕头	o³³ khu²¹	A	A	A	A	A	A	A	A	A
367	布	mu³³ sɿ³³	A	A	A	A	A	A	A	A	A
368	绸子	tɕɛ³³ tʂɿ³³	A	A	A	A	A	A	A	A	A
369	米	tʂhɯ³³	A	A	A	A	A	A	A	A	A
370	饭	dza³³	A	A	A	A	A	A	A	A	A
371	粥	tɕo⁵⁵	A	A	A	A	A	A	A	A	A
372	油	tshɿ³³	A	A	A	A	A	A	A	A	A
373	盐	tshɯ³³	A	A	A	A	A	A	A	A	A
374	肉	ʂɯ³³	A	A	A	A	A	A	A	A	A
375	菜(饭菜)	tshi³³	A	A	A	A	A	A	A	A	A
376	汤	ʑi³³	A	A	A	A	A	A	A	A	A
377	面条	ʂa³³ mu⁵⁵	B	B	B	B	B	B	B	B	D	D
378	酒	dzɿ³³	A	A	A	A	A	A	A	A	A
379	茶	la⁵⁵	A	A	A	A	A	A	A	A	D	C
380	糖	ʂa³³ dzi³³	A	A	A	A	A	A	A	A	A
381	食(猪食)	va⁵⁵ dza³³	A	A	A	A	A	A	A	A	A
382	斧头	vi³³ mo²¹	A	A	A	A	A	A	A	B	B
383	刀	do³³ mu³³	A	A	A	A	A	A	A	B	B
384	镰刀	hu⁵⁵ gu³³	A	A	A	A	A	A	A	B	B
385	锄头	tsɿ⁵⁵ mo²¹	A	A	A	A	A	A	A	B	B
386	锤子	la³³ tu³³	A	A	A	A	A	A	A	B	B
387	锯	ʑɿ⁵⁵ ʂu³³	A	A	A	A	A	A	A	B	B
388	针	ʑi⁵⁵	A	A	A	A	A	A	A	B	B
389	线	ci³³	A	A	A	A	A	A	A	B	B
390	绳子	tɕi²¹ po³³	A	A	A	A	A	A	A	B	B
391	枪	na²¹ tʂho⁵⁵	A	A	A	A	A	A	A	B	B
392	子弹	tʂhɔ⁵⁵ lu³³	A	A	A	A	A	A	A	B	B
393	弓	xo⁵⁵	A	A	A	A	A	A	A	C	C
394	箭	hi³³	A	A	A	A	A	A	A	C	C
395	棍子	thɯ²¹ bu²¹	A	A	A	A	A	A	A	C	C
396	鞭子	ma³³ bu³³	A	A	A	A	A	A	A	C	C
397	鞍子	ɣa⁵⁵	A	A	A	A	A	A	A	C	C
398	簸箕	a³³ gu⁵	A	A	A	A	A	A	A	C	C
399	筛子	va³³ tɕi³³	A	A	A	A	A	A	A	C	C
400	磨(石磨)	tɕhɛ³³ lu³³	A	A	A	A	A	A	A	B	C
401	箩筐	kho³³ khɔ³³	A	A	A	A	A	A	A	C	C
402	扁担	pe³³ ta⁵⁵	A	A	A	A	A	A	A	B	B
403	锁	ndzu³³	A	A	A	A	A	A	A	B	B
404	钥匙	ndzu³³ pho²¹	A	A	A	A	A	A	A	B	B
405	扫帚	ʑɛ³³ sɿ³³	A	A	A	A	A	A	A	B	B

(续表)

406	锅	xɯ³³ dʐʅ³³	A	A	A	A	A	A	A	B	B
407	盖子	kha²¹ ʐɛ³³	A	A	A	A	A	A	A	C	C
408	桶	ʐʅ³³ pu³³	A	A	A	A	A	A	A	C	C
409	脸盆	ɲi⁵⁵ tshʅ³³ phi²¹	A	A	A	A	A	A	A	C	C
410	碗	tʂɯ²¹ zɯ³³	A	A	A	A	A	A	A	B	B
411	筷子	dʐu²¹	A	A	A	A	A	A	A	B	B
412	盘子	phi²¹	C	C	C	C	C	C	C	D	C
413	瓶子	ʐo⁵⁵ ʂʅ²¹	C	C	C	C	C	C	C	D	D
414	桌子	thi³³	D	D	D	D	D	D	D	D	D
415	床	go³³	A	A	A	A	A	A	A	A	A
416	梯子	dɔ³³ tsi²¹	A	A	A	A	A	A	A	A	A
417	箱子	khɔ³³ bo²¹	A	A	A	A	A	A	A	A	A
418	镜子	ɲi⁵⁵ ŋgɔ³³ lu³³	A	A	A	A	A	A	A	A	A
419	梳子	ɔ³³ kɯ⁵⁵	A	A	A	A	A	A	A	A	A
420	剪子	ɲɛ³³ ta³³	A	A	A	A	A	A	A	A	A
421	肥皂	ʐʅ²¹ tsʅ³³	B	B	B	B	B	B	B	D	D
422	电话	tɛ²¹ do²¹	D	D	D	D	D	D	D	D	D
423	灯	ma³³ kɔ²¹	A	A	A	A	A	A	A	A	A
424	电灯	dɛ²¹ ma³³ kɔ²¹	B	B	B	B	B	B	B	D	D
425	漆	tɕʅ³³	A	A	A	A	A	A	A	D	D
426	柴	sʅ³³	A	A	A	A	A	A	A	A	A
427	炭	si³³	A	A	A	A	A	A	A	A	A
428	肥料	ɕʅ³³	A	A	A	A	A	A	A	A	A
429	粪	ɕʅ³³	A	A	A	A	A	A	A	A	A
430	灰(草木灰)	khu²¹ ɬa³³	A	A	A	A	A	A	A	A	A
431	路	ga³³	A	A	A	A	A	A	A	A	A
432	铁路	ʂɯ³³ ga³³	A	A	A	A	A	A	A	A	A
433	公路	tɕhʅ²¹ tʂhɯ³³ ga³³	A	A	A	A	A	A	A	A	A
434	桥	dzi³³	A	A	A	A	A	A	A	A	A
435	船	lo³³	A	A	A	A	A	A	A	A	A
436	飞机	fi³³ tɕʅ³³	B	B	B	B	B	B	B	B	B
437	钱	dʐɯ³³	A	A	A	A	A	A	A	A	A
438	价钱	pu³³	A	A	A	A	A	A	A	A	A
439	纸	thɯ²¹ ʐʅ³³	A	A	A	A	A	A	A	A	A
440	墨	ma³³ ndza³³	A	A	A	A	A	A	A	D	D
441	墨水	ma³³ ndza³³ ʐʅ³³	A	A	A	A	A	A	A	A	D
442	字	bu³³ ma³³	A	A	A	A	A	A	A	A	A
443	书	thɯ²¹ ʐʅ³³	A	A	A	A	A	A	A	A	A
444	信	thɯ³³ ʐʅ³³	B	B	B	B	B	B	B	D	D
445	歌	mu²¹ mo²¹ ho²¹	B	B	B	B	B	B	B	D	D
446	故事	bu³³ dɯ³³	A	A	A	A	A	A	A	C	C
447	旗子	pho³³	B	B	B	B	B	B	B	B	B

（续表）

448	唢呐	sa²¹ la³³	B	B	B	B	B	B	B	B	D	D
449	锣	dzɿ³³ lɿ³³	B	B	B	B	B	B	B	B	C	C
450	鼓	ko³³ dzi³³	B	B	B	B	B	B	B	B	C	C
451	药	bu⁵⁵ tshɿ³³	A	A	A	A	A	A	A	A	A	A
452	话	do²¹	A	A	A	A	A	A	A	A	A	A
453	声音	fu³³ dzi³³	A	A	A	A	A	A	A	A	A	A
454	力气	ɤɯ³³	A	A	A	A	A	A	A	A	A	C
455	事情	sɿ⁵⁵	A	A	A	A	A	A	A	A	A	A
456	姓	ɕɿ⁵⁵	B	B	B	B	B	B	B	B	C	C
457	名字	mi³³	A	A	A	A	A	A	A	A	A	A
458	东西	tshɿ²¹ ʐɛ⁵⁵	A	A	A	A	A	A	A	A	A	A
459	梦	i⁵⁵ mo²¹	A	A	A	A	A	A	A	A	A	A
460	影子	bu³³ ʐɿ³³	A	A	A	A	A	A	A	A	A	A
461	神	sɿ³³ zɯ³³	A	A	A	A	A	A	A	A	A	A
462	鬼	ȵi⁵⁵ tshɿ³³	A	A	A	A	A	A	A	A	A	A
463	看见	ɤɯ²¹ mo³³	A	A	A	A	A	A	A	A	A	A
464	闭（闭眼）	ȵɔ³³ mɿ³³	A	A	A	A	A	A	A	A	A	A
465	听	na³³	A	A	A	A	A	A	A	A	A	A
466	吃	dzɯ³³	A	A	A	A	A	A	A	A	A	A
467	喝（喝水）	ndo³³	A	A	A	A	A	A	A	A	A	A
468	咬	ɕi⁵⁵	A	A	A	A	A	A	A	A	A	A
469	嚼	tɕɿ⁵⁵	A	A	A	A	A	A	A	A	A	A
470	舔	zo⁵⁵	A	A	A	A	A	A	A	A	A	A
471	含	mo³³	A	A	A	A	A	A	A	A	A	A
472	啃	cɛ⁵⁵	A	A	A	A	A	A	A	A	A	A
473	吞	ȵi²¹	A	A	A	A	A	A	A	A	A	A
474	咽	ȵi²¹	A	A	A	A	A	A	A	A	A	A
475	吐（口水）	phi⁵⁵	A	A	A	A	A	A	A	A	A	A
476	呕吐	ndʐɛ³³	A	A	A	A	A	A	A	A	A	A
477	咳嗽	tsɿ²¹	A	A	A	A	A	A	A	A	A	A
478	吹（吹火）	mɯ³³	A	A	A	A	A	A	A	A	A	A
479	说	hi²¹	A	A	A	A	A	A	A	A	A	A
480	读	pi³³	B	B	B	B	B	B	B	B	C	C
481	喊	ku³³	A	A	A	A	A	A	A	A	A	A
482	闻	gɯ³³	A	A	A	A	A	A	A	A	A	A
483	拿（持）	ʐu³³	A	A	A	A	A	A	A	A	A	A
484	拍（桌子）	tɕɔ³³	A	A	A	A	A	A	A	A	A	A
485	握（刀把）	tshɿ³³	A	A	A	A	A	A	A	A	A	A
486	摘（果子）	ɕɛ³³	A	A	A	A	A	A	A	A	A	A
487	搓（绳子）	vi⁵⁵	A	A	A	A	A	A	A	A	A	A
488	撕（纸）	sɿ³³	A	A	A	A	A	A	A	A	A	A
489	拧（毛巾）	tshɿ³³	A	A	A	A	A	A	A	A	A	A

(续表)

490	拾(拣)	gŋu³³	A	A	A	A	A	A	A	A	A
491	捉(鸡)	ʐu³³	A	A	A	A	A	A	A	A	A
492	扔(丢掉)	ku²¹	A	A	A	A	A	A	A	A	A
493	撒(种子)	lɿ²¹	A	A	A	A	A	A	A	A	A
494	掷(石头)	ku²¹	A	A	A	A	A	A	A	A	A
495	伸(手)	dʐʮ²¹	A	A	A	A	A	A	A	A	A
496	拉	ŋgo³³	A	A	A	A	A	A	A	A	A
497	抱	tɔ³³	A	A	A	A	A	A	A	A	A
498	推	di²¹	A	A	A	A	A	A	A	A	A
499	捏	tshɿ³³	A	A	A	A	A	A	A	A	A
500	摇	hi³³	A	A	A	A	A	A	A	A	A
501	踢	pe³³	A	A	A	A	A	A	A	A	A
502	跪	ɔ³³ mu³³ thi⁵⁵	A	A	A	A	A	A	A	A	A
503	踩	tu⁵⁵	A	A	A	A	A	A	A	A	A
504	跳	tɕhɛ³³	A	A	A	A	A	A	A	A	A
505	站	hi⁵⁵	A	A	A	A	A	A	A	A	A
506	跨	tɕhɛ³³	A	A	A	A	A	A	A	A	A
507	骑	dʐɿ³³	A	A	A	A	A	A	A	A	A
508	走	ga³³ ʂu³³	A	A	A	A	A	A	A	A	A
509	跑	pho³³	A	A	A	A	A	A	A	A	A
510	坐	ȵi³³	A	A	A	A	A	A	A	A	A
511	背	pɿ²¹	A	A	A	A	A	A	A	A	A
512	钻	dʐɿ³³	A	A	A	A	A	A	A	A	A
513	爬	dɔ³³	A	A	A	A	A	A	A	A	A
514	靠	hi³³	A	A	A	A	A	A	A	A	A
515	住	i⁵⁵	A	A	A	A	A	A	A	A	A
516	休息	ɕɿ³³ nɯ³³	A	A	A	A	A	A	A	A	A
517	睡	i⁵⁵	A	A	A	A	A	A	A	A	A
518	醒	i⁵⁵ dʑi³³	A	A	A	A	A	A	A	A	A
519	做	mu³³	A	A	A	A	A	A	A	A	A
520	劳动	ȵo²¹ bo³³	A	A	A	A	A	A	A	A	A
521	修理	de³³ mo³³	A	A	A	A	A	A	A	A	A
522	连接	tso⁵⁵	A	A	A	A	A	A	A	A	A
523	打(铁)	dʐɿ³³	A	A	A	A	A	A	A	C	B
524	搬(椅子)	ndʐʮ³³	A	A	A	A	A	A	A	B	C
525	抬	tɕhɿ³³	A	A	A	A	A	A	A	A	A
526	挑	thi³³	A	A	A	A	A	A	A	B	B
527	扛	go⁵⁵	A	A	A	A	A	A	A	B	B
528	犁(地)	mo³³	A	A	A	A	A	A	A	B	C
529	耙(地)	go³³	A	A	A	A	A	A	A	B	C
530	挖	tsɿ⁵⁵	A	A	A	A	A	A	A	A	A
531	种(菜)	tsɿ³³	A	A	A	A	A	A	A	A	A

(续表)

532	浇（菜）	ʂa³³	A	A	A	A	A	A	A	A	A
533	割	zɿ⁵⁵	A	A	A	A	A	A	A	A	A
534	砍（树）	khɛ³³	A	A	A	A	A	A	A	A	A
535	劈（柴）	ndzɛ³³	A	A	A	A	A	A	A	A	A
536	拔（草）	tʂɿ³³	A	A	A	A	A	A	A	A	A
537	放牧	dʐɯ³³ ɬu⁵⁵	A	A	A	A	A	A	A	A	A
538	喂（鸡）	ho³³	A	A	A	A	A	A	A	A	A
539	阉（公鸡）	ʂɯ⁵⁵	A	A	A	A	A	A	A	C	C
540	牵（牛）	gŋo³³	A	A	A	A	A	A	A	C	C
541	织（布）	tʂhɿ²¹	A	A	A	A	A	A	A	C	C
542	量（布）	ndʐa³³	A	A	A	A	A	A	A	C	C
543	买	vɿ³³	A	A	A	A	A	A	A	A	A
544	卖	vu²¹	A	A	A	A	A	A	A	A	A
545	数（东西）	vu²¹	A	A	A	A	A	A	A	A	A
546	（计）算	so⁵⁵	A	A	A	A	A	A	A	A	A
547	称（东西）	tɕi²¹	A	A	A	A	A	A	A	A	A
548	教	ma⁵⁵	A	A	A	A	A	A	A	A	A
549	学	zo³³	A	A	A	A	A	A	A	A	A
550	写	bu³³	A	A	A	A	A	A	A	A	A
551	擦	sɿ³³	A	A	A	A	A	A	A	A	A
552	改	dɛ³³ pu³³	A	A	A	A	A	A	A	A	A
553	贴	ȵo⁵⁵	A	A	A	A	A	A	A	A	A
554	煮	tɕo⁵⁵	A	A	A	A	A	A	A	A	A
555	炒	ɬu³³	A	A	A	A	A	A	A	A	A
556	蒸	ȵi³³	A	A	A	A	A	A	A	A	A
557	烤（衣服）	ko³³	A	A	A	A	A	A	A	A	A
558	烤（火）	ko³³	A	A	A	A	A	A	A	A	A
559	杀	si⁵⁵	A	A	A	A	A	A	A	A	A
560	切	tʂɯ³³	A	A	A	A	A	A	A	A	A
561	剁	dzɛ³³	A	A	A	A	A	A	A	A	A
562	刮	tɕhu³³	A	A	A	A	A	A	A	A	A
563	剪	ȵɛ³³	A	A	A	A	A	A	A	A	A
564	缝	gu⁵⁵	A	A	A	A	A	A	A	A	A
565	扎	ŋgu⁵⁵	A	A	A	A	A	A	A	A	A
566	插	tʂhu³³	B	B	B	B	B	B	B	C	C
567	磨（刀）	tɕɛ⁵⁵	A	A	A	A	A	A	A	A	A
568	磨（米）	vu⁵⁵	A	A	A	A	A	A	A	A	A
569	簸（米）	tɕi³³	A	A	A	A	A	A	A	A	A
570	舀（水）	khi⁵⁵	A	A	A	A	A	A	A	A	A
571	穿	ga⁵⁵	A	A	A	A	A	A	A	A	A
572	戴（帽）	ndi⁵⁵	A	A	A	A	A	A	A	A	A
573	脱（衣）	lɿ⁵⁵	A	A	A	A	A	A	A	A	A

(续表)

574	卷(袖子)	lɿ³³	A	A	A	A	A	A	A	A	A
575	洗(手)	tshɿ³³	A	A	A	A	A	A	A	A	A
576	洗(衣)	tshɿ³³	A	A	A	A	A	A	A	A	A
577	洗澡	ko²¹ po³³ tshɿ³³	A	A	A	A	A	A	A	A	A
578	剃(头)	tɕhu³³	A	A	A	A	A	A	A	B	B
579	染(衣物)	ho²¹	A	A	A	A	A	A	A	A	A
580	补(衣物)	du⁵⁵	A	A	A	A	A	A	A	B	B
581	梳(头)	kɯ⁵⁵	A	A	A	A	A	A	A	A	A
582	编(辫子)	tɕɿ⁵⁵	A	A	A	A	A	A	A	B	B
583	扫(地)	sɿ³³	A	A	A	A	A	A	A	A	A
584	开(门)	pho²¹	A	A	A	A	A	A	A	A	A
585	揭(盖子)	pho²¹	A	A	A	A	A	A	A	A	A
586	放(置)	ta³³	A	A	A	A	A	A	A	A	A
587	挂(在墙上)	ti⁵⁵	A	A	A	A	A	A	A	A	A
588	解(绳结)	phu³³	A	A	A	A	A	A	A	A	A
589	放	thi²¹	A	A	A	A	A	A	A	A	A
590	包	thɛ³³	A	A	A	A	A	A	A	A	A
591	捆	tɕhɿ⁵⁵	A	A	A	A	A	A	A	A	A
592	装	tsi²¹	A	A	A	A	A	A	A	A	A
593	塞	tshɿ²¹	A	A	A	A	A	A	A	A	A
594	埋	nbo²¹	A	A	A	A	A	A	A	A	A
595	藏	nbo⁵⁵	A	A	A	A	A	A	A	A	A
596	挑选	si³³	A	A	A	A	A	A	A	A	A
597	堆(积)	bo³³	A	A	A	A	A	A	A	A	A
598	钉(动)	nzi³³	A	A	A	A	A	A	A	C	C
599	点(灯)	tu⁵⁵	A	A	A	A	A	A	A	A	A
600	要	lɿ³³	A	A	A	A	A	A	A	B	B
601	得到	ɣɯ²¹	A	A	A	A	A	A	A	A	A
602	收	ʂo³³	A	A	A	A	A	A	A	A	A
603	遗失	ɬi³³ ndo²¹	A	A	A	A	A	A	A	A	A
604	寻找	ʂɯ²¹	A	A	A	A	A	A	A	A	A
605	用	zi³³	A	A	A	A	A	A	A	A	A
606	玩耍	ko³³ gɯ⁵⁵	A	A	A	A	A	A	A	A	A
607	赢	ɣɯ³³	A	A	A	A	A	A	A	A	A
608	输	gi⁵⁵	A	A	A	A	A	A	A	A	A
609	唱歌	ho²¹	B	B	B	B	B	B	B	D	C
610	跳舞	pɛ³³ tʂhɛ³³	B	B	B	B	B	B	B	C	C
611	过年	khu⁵⁵ sɿ³³	A	A	A	A	A	A	A	A	A
612	打猎	khɯ³³ di⁵⁵	A	A	A	A	A	A	A	A	B
613	包围	lo²¹ da³³	A	A	A	A	A	A	A	B	B
614	射	nbɛ³³	A	A	A	A	A	A	A	B	B
615	问	na³³	A	A	A	A	A	A	A	A	A

（续表）

616	答	bu³³	A	A	A	A	A	A	A	A	A	A
617	借	hɯ³³	A	A	A	A	A	A	A	A	A	A
618	还	tsɛ³³	A	A	A	A	A	A	A	A	A	A
619	给	bɿ²¹	A	A	A	A	A	A	A	A	A	A
620	送	lɿ³³	A	A	A	A	A	A	A	A	A	A
621	嫁	ɕɿ²¹	A	A	A	A	A	A	A	A	A	A
622	娶	ɕi³³	A	A	A	A	A	A	A	A	A	A
623	告诉	kɯ³³	A	A	A	A	A	A	A	A	A	A
624	帮助	lo⁵⁵ po²¹	A	A	A	A	A	A	A	A	A	A
625	救	gu³³ tshɿ³³	A	A	A	A	A	A	A	A	C	C
626	医治	na³³ ŋgu⁴⁴	A	A	A	A	A	A	A	A	A	A
627	发(工资)	fa⁵⁵	A	A	A	A	A	A	A	A	A	A
628	分(配)	bɿ²¹	A	A	A	A	A	A	A	A	A	A
629	欠	bu²¹	A	A	A	A	A	A	A	A	A	A
630	赔偿	pɿ²¹	A	A	A	A	A	A	A	A	A	A
631	等候	la³³ hɯ³³	A	A	A	A	A	A	A	A	A	A
632	遇见	dʐɿ³³ dzi³³	A	A	A	A	A	A	A	A	A	A
633	骂	ra³³	A	A	A	A	A	A	A	A	A	A
634	打架	dzɿ³³ ka³³	A	A	A	A	A	A	A	A	A	A
635	打(人)	tsho³³ ka³³	B	B	B	B	B	B	B	B	B	B
636	逃	po³³ bo³³	A	A	A	A	A	A	A	A	A	A
637	追	ŋgo⁵⁵	A	A	A	A	A	A	A	A	A	A
638	驱赶	ŋgo⁵⁵	A	A	A	A	A	A	A	A	A	A
639	抢	lu²¹	A	A	A	A	A	A	A	A	A	A
640	剥削	tsho³³ dzɯ³³	A	A	A	A	A	A	A	A	A	A
641	偷	khu³³	A	A	A	A	A	A	A	A	A	A
642	骗	tsi³³	A	A	A	A	A	A	A	A	A	A
643	笑	ʐɿ³³	A	A	A	A	A	A	A	A	A	A
644	哭	ŋo³³	A	A	A	A	A	A	A	A	A	A
645	爱(小孩)	tɕhi³³	A	A	A	A	A	A	A	A	A	A
646	喜欢(唱歌)	he³³ vu³³	A	A	A	A	A	A	A	A	A	A
647	相信	ndʐɿ²¹	A	A	A	A	A	A	A	A	A	A
648	知道	dzi³³	A	A	A	A	A	A	A	A	A	A
649	懂	sɿ²¹	A	A	A	A	A	A	A	A	A	A
650	猜	tʂɯ³³	A	A	A	A	A	A	A	A	B	B
651	记得	ʂu⁵⁵	A	A	A	A	A	A	A	A	A	A
652	忘记	ma²¹ ʂu⁵⁵	A	A	A	A	A	A	A	A	A	A
653	想(思考)	ŋo²¹	A	A	A	A	A	A	A	A	B	B
654	生气	ko³³ mu⁵⁵	A	A	A	A	A	A	A	A	A	A
655	恨	ndzu³³	A	A	A	A	A	A	A	A	A	A
656	怕	tɕɛ³³	A	A	A	A	A	A	A	A	A	A
657	敢	bu⁵⁵	A	A	A	A	A	A	A	A	A	A

(续表)

658	会	ku⁵⁵ kɯ⁵⁵	A	A	A	A	A	A	A	A	A
659	是	ŋɯ³³	A	A	A	A	A	A	A	A	A
660	不是	me²¹ ŋɯ³³	A	A	A	A	A	A	A	A	A
661	有	dʐo³³	A	A	A	A	A	A	A	A	A
662	没有	ma²¹ dʐo³³	A	A	A	A	A	A	A	A	A
663	来	la³	A	A	A	A	A	A	A	A	A
664	去	li³³	A	A	A	A	A	A	A	A	A
665	回	pu³³ la³³	A	A	A	A	A	A	A	A	A
666	到	ɕi³³	A	A	A	A	A	A	A	A	A
667	过	ŋa³³	A	A	A	A	A	A	A	A	A
668	上(山)	bo³³ dɔ³³	A	A	A	A	A	A	A	A	A
669	下(山)	i⁵⁵ tʂʅ³³ la³³	A	A	A	A	A	A	A	A	A
670	出	du̱³³	A	A	A	A	A	A	A	B	B
671	进	vu³³	A	A	A	A	A	A	A	B	B
672	退	ndʐʅɯ²¹	A	A	A	A	A	A	A	B	B
673	在	dʐo³³	A	A	A	A	A	A	A	B	B
674	晒	ɬe⁵⁵	A	A	A	A	A	A	A	B	B
675	下雨	ha³³ dʑi²¹	A	A	A	A	A	A	A	B	B
676	刮风	ɬɿ³³ phu³³	A	A	A	A	A	A	A	B	B
677	打闪	mu³³ ɬi⁵⁵	A	A	A	A	A	A	A	B	B
678	打雷	mu³³ ku⁵⁵	A	A	A	A	A	A	A	B	B
679	流	ʐʅ³³	A	A	A	A	A	A	A	B	B
680	溢	nbʅ⁵⁵	A	A	A	A	A	A	A	B	B
681	浮	bu³³	A	A	A	A	A	A	A	B	B
682	沉	n̩o²¹	A	A	A	A	A	A	A	B	B
683	裂开	ka³³ pɔ³³	A	A	A	A	A	A	A	B	B
684	倒塌	dʐo³³	A	A	A	A	A	A	A	B	B
685	滚	li²¹ li³³ nbo³³	A	A	A	A	A	A	A	B	B
686	旋转	tɕo³³	A	A	A	A	A	A	A	B	B
687	掉	tshi³³ la³³	A	A	A	A	A	A	A	B	B
688	断	li³³ tɕhʅ³³	A	A	A	A	A	A	A	B	B
689	破	ndʑɛ³³	A	A	A	A	A	A	A	B	B
690	浸	pa²¹ tɕɛ³³ tɕɛ³³	A	A	A	A	A	A	A	B	B
691	漏	ʐʅ³³	A	A	A	A	A	A	A	B	B
692	滴	tshi³³	A	A	A	A	A	A	A	B	B
693	沸	ŋɯ³³	A	A	A	A	A	A	A	B	B
694	变	tɕho⁵⁵	A	A	A	A	A	A	A	B	B
695	生	du̱³³	A	A	A	A	A	A	A	B	B
696	长(大)	ʐu³³	A	A	A	A	A	A	A	B	B
697	病	na³³	A	A	A	A	A	A	A	B	B
698	发抖	n̩ɛ²¹ vu³³	A	A	A	A	A	A	A	B	B
699	肿	ɣo²¹	A	A	A	A	A	A	A	B	B

(续表)

700	死	sʅ³³	A	A	A	A	A	A	A	A	A
701	飞	dʑi³³	A	A	A	A	A	A	A	A	A
702	吠（狗叫）	vo⁵⁵	A	A	A	A	A	A	A	A	A
703	啼（鸡叫）	n̥bu³³	A	A	A	A	A	A	A	A	A
704	生（下蛋）	tɕhi²¹	A	A	A	A	A	A	A	A	A
705	孵	v̪u³³	A	A	A	A	A	A	A	A	A
706	发芽	ni³³ bu²¹ lʅ³³	A	A	A	A	A	A	A	B	B
707	开花	vɛ³³ vɛ³³ vɛ³³	A	A	A	A	A	A	A	B	B
708	结果	ma³³ ndi⁵⁵	A	A	A	A	A	A	A	A	A
709	枯	tɕhi³³ sʅ³³	B	B	B	B	B	B	B	D	D
710	大	ʐʅ³³	A	A	A	A	A	A	A	A	A
711	小	dʐʅ⁵⁵	A	A	A	A	A	A	A	A	A
712	高	mu³³	A	A	A	A	A	A	A	A	A
713	低	a³³ ho⁵⁵	A	A	A	A	A	A	A	A	A
714	深	no⁵⁵	B	B	B	B	B	B	B	D	D
715	浅	i⁵⁵ mu³³	A	A	A	A	A	A	A	A	A
716	尖	o²¹ tɕʅ³³	A	A	A	A	A	A	A	A	A
717	圆	ma²¹ li³³ bu³³	A	A	A	A	A	A	A	D	C
718	方	lʅ³³ bo³³ thi³³	B	B	B	B	B	B	B	B	D	D
719	长	ʂo³³	A	A	A	A	A	A	A	A	A
720	短	i⁵⁵ ʂo³³	A	A	A	A	A	A	A	A	A
721	粗	a³³ fu³³	A	A	A	A	A	A	A	A	A
722	细	i⁵⁵ fu³³	A	A	A	A	A	A	A	A	A
723	厚	tu³³	A	A	A	A	A	A	A	A	A
724	薄	bo³³	A	A	A	A	A	A	A	A	A
725	宽	fi³³	A	A	A	A	A	A	A	A	A
726	窄	i⁵⁵ dʐʅ³³	A	A	A	A	A	A	A	A	A
727	远	a³³ ʂo³³	A	A	A	A	A	A	A	A	A
728	近	ga³³ ɲi³³	A	A	A	A	A	A	A	A	A
729	多	ɲi³³	A	A	A	A	A	A	A	A	A
730	少	i⁵⁵ ɲi³³	A	A	A	A	A	A	A	A	A
731	直	dʐo²¹	A	A	A	A	A	A	A	A	A
732	弯	la³³ gu⁵⁵	A	A	A	A	A	A	A	A	A
733	横	la²¹ vu⁵⁵	A	A	A	A	A	A	A	A	A
734	竖	o³³ ŋgu⁵⁵	A	A	A	A	A	A	A	A	A
735	平	dʐo³³	A	A	A	A	A	A	A	A	A
736	陡	tɕɛ³³ dʐɛ³³	A	A	A	A	A	A	A	C	C
737	正	dʐo²¹	A	A	A	A	A	A	A	B	B
738	歪	la²¹ gu⁵⁵	A	A	A	A	A	A	A	B	B
739	轻	ʐo³³ so³³	A	A	A	A	A	A	A	B	B
740	重	a³³ lʅ³³	A	A	A	A	A	A	A	B	B
741	硬	kɔ³³	A	A	A	A	A	A	A	B	B
742	软	sɛ³³ hɛ³³	A	A	A	A	A	A	A	B	B

(续表)

743	亮	zi³³	A	A	A	A	A	A	A	B	B
744	暗	nɔ³³ dzɿ⁵⁵	A	A	A	A	A	A	A	B	B
745	晴	mu³³ tsha³³	A	A	A	A	A	A	A	B	B
746	阴	mu³³ dzɿ³³	A	A	A	A	A	A	A	B	B
747	旱	mu³³ kɔ³³	A	A	A	A	A	A	A	B	B
748	红	ni³³	A	A	A	A	A	A	A	B	B
749	黄	a³³ ʂɿ³³	A	A	A	A	A	A	A	B	B
750	蓝	vu⁵⁵	A	A	A	A	A	A	A	B	B
751	白	tɕhu³³	A	A	A	A	A	A	A	B	B
752	黑	nɔ³³ hi³³	A	A	A	A	A	A	A	B	B
753	绿	a³³ vu⁵⁵	A	A	A	A	A	A	A	B	B
754	花	a³³ bu³³	A	A	A	A	A	A	A	B	B
755	稠	sɿ⁵⁵	A	A	A	A	A	A	A	B	B
756	稀	huɯ³³	A	A	A	A	A	A	A	B	B
757	满	dʑi²¹	A	A	A	A	A	A	A	B	B
758	美丽	ndzɯ³³	A	A	A	A	A	A	A	B	B
759	丑	di³³	A	A	A	A	A	A	A	B	B
760	胖	ɣo³³ pu³³	A	A	A	A	A	A	A	B	B
761	肥	tshu³³	A	A	A	A	A	A	A	B	B
762	瘦（肉）	ɣo³³ bo³³	A	A	A	A	A	A	A	B	B
763	干净	bo³³ ʂo³³	A	A	A	A	A	A	A	B	B
764	脏	rɿ²¹	A	A	A	A	A	A	A	B	B
765	老（人）	mo²¹	A	A	A	A	A	A	A	B	B
766	老（菜）	a⁵⁵ mo²¹	A	A	A	A	A	A	A	B	B
767	年轻	a³³ ʂɿ⁵⁵	A	A	A	A	A	A	A	B	B
768	嫩	i⁵⁵ nu³³	A	A	A	A	A	A	A	B	B
769	好	va⁵⁵	A	A	A	A	A	A	A	B	B
770	坏	a²¹ va⁵⁵	A	A	A	A	A	A	A	B	B
771	快	ndʑi³³	A	A	A	A	A	A	A	B	B
772	慢	a²¹ ndʑi³³	A	A	A	A	A	A	A	B	B
773	干	a³³ vu³³	A	A	A	A	A	A	A	B	B
774	湿	a³³ dzi³³	A	A	A	A	A	A	A	B	B
775	新	a³³ ʂɿ⁵⁵	A	A	A	A	A	A	A	B	B
776	旧	a³³ li³³	A	A	A	A	A	A	A	B	B
777	生（肉）	ʂɯ³³ dzi³³	A	A	A	A	A	A	A	B	B
778	熟（肉）	ʂɯ³³ mi²¹	A	A	A	A	A	A	A	B	B
779	快（刀）	thɔ³³	A	A	A	A	A	A	A	B	B
780	钝（刀）	a²¹ thɔ³³	A	A	A	A	A	A	A	B	B
781	早	rɿ³³	A	A	A	A	A	A	A	B	B
782	迟	ni⁵⁵	A	A	A	A	A	A	A	B	B
783	真	vu³³ dʑi³³	A	A	A	A	A	A	A	B	B
784	假	vu³³ a²¹ dʑi³³	A	A	A	A	A	A	A	B	B
785	贵	pu³³ dʑo³³	A	A	A	A	A	A	A	B	B

(续表)

786	便宜	pu³³ nu³³	A	A	A	A	A	A	A	A	B	B
787	容易	ga²¹ dzʅ³³	A	A	A	A	A	A	A	A	B	B
788	难	ɣɯ³³ dzɯ³³	A	A	A	A	A	A	A	A	B	B
789	松(绑)	go²¹	A	A	A	A	A	A	A	A	B	B
790	紧	lɛ³³ n̠ɛ³³	A	A	A	A	A	A	A	A	B	B
791	热	ca³³	A	A	A	A	A	A	A	A	B	B
792	冷	ŋo³³	A	A	A	A	A	A	A	A	B	B
793	暖和	tsha³³ ɬɔ³³	A	A	A	A	A	A	A	A	B	B
794	凉快	ŋo³³ si³³	A	A	A	A	A	A	A	A	B	B
795	酸	tɕi³³	A	A	A	A	A	A	A	A	B	B
796	甜	tɕhʅ³³	A	A	A	A	A	A	A	A	B	B
797	苦	khɯ³³	A	A	A	A	A	A	A	A	B	B
798	辣	dzʅ³³	A	A	A	A	A	A	A	A	B	B
799	咸	khɯ³³	A	A	A	A	A	A	A	A	B	B
800	香	ni³³ ho⁴⁴ sa³³	A	A	A	A	A	A	A	A	B	B
801	臭	bo²¹ ni³³	A	A	A	A	A	A	A	A	B	B
802	腥	tʂho³³ ni³³	A	A	A	A	A	A	A	A	B	B
803	饱	nbu̠³³	A	A	A	A	A	A	A	A	B	B
804	饿	mi⁵⁵	A	A	A	A	A	A	A	A	B	B
805	渴	sʅ⁵⁵	A	A	A	A	A	A	A	A	B	B
806	醉	ʑi⁵⁵	A	A	A	A	A	A	A	A	B	B
807	累	dzɿi³³ to³³	A	A	A	A	A	A	A	A	B	B
808	痒	ʑi³³	A	A	A	A	A	A	A	A	A	A
809	痛	na³³	A	A	A	A	A	A	A	A	A	A
810	聪明	o³³ bu³³	A	A	A	A	A	A	A	A	A	A
811	愚蠢	zɯ³³ kɯ³³	A	A	A	A	A	A	A	A	A	A
812	勤	za³³ hɔ³³	A	A	A	A	A	A	A	A	A	A
813	懒	ndzɛ⁵⁵ zɛ³³	A	A	A	A	A	A	A	A	A	A
814	高兴	hɛ³³ kha⁵⁵	A	A	A	A	A	A	A	A	A	A
815	穷	ʂu³³ ʂa³³	A	A	A	A	A	A	A	A	A	A
816	富	ʂu³³ ga⁵⁵	A	A	A	A	A	A	A	A	A	A
817	光明	bɔ²¹ lu³³	A	A	A	A	A	A	A	A	A	A
818	光荣	o³³ n̠i⁵⁵ bo²¹ lɔ³³	A	A	A	A	A	A	A	A	A	A
819	正确	dzʅo²¹ tsɛ³³	A	A	A	A	A	A	A	A	A	A
820	勇敢	za³³ khɔ³³	A	A	A	A	A	A	A	A	A	A
821	一	tshʅ²¹	A	A	A	A	A	A	A	A	A	A
822	二	n̠i²¹	A	A	A	A	A	A	A	A	A	A
823	三	so³³	A	A	A	A	A	A	A	A	A	A
824	四	lʅ³³	A	A	A	A	A	A	A	A	A	A
825	五	ŋɯ³³	A	A	A	A	A	A	A	A	A	A
826	六	fu⁵⁵	A	A	A	A	A	A	A	A	A	A
827	七	ʂʅ²¹	A	A	A	A	A	A	A	A	A	A
828	八	hi⁵⁵	A	A	A	A	A	A	A	A	A	A

(续表)

829	九	gu³³	A	A	A	A	A	A	A	A	A
830	十	tshɛ³³	A	A	A	A	A	A	A	A	A
831	十一	tshi³³ tsʅ³³	A	A	A	A	A	A	A	A	A
832	十二	tshi³³ ȵi⁵⁵	A	A	A	A	A	A	A	A	A
833	十三	tshi³³ so³³	A	A	A	A	A	A	A	A	A
834	二十	ȵi²¹ tsi³³	A	A	A	A	A	A	A	A	A
835	百	ha³³	A	A	A	A	A	A	A	A	A
836	千	tu³³	A	A	A	A	A	A	A	A	A
837	万	va⁵⁵	A	A	A	A	A	A	A	A	A
838	亿	mo³³	A	A	A	A	A	A	A	A	A
839	零	go²¹	B	B	B	B	B	B	B	B	D	D
840	半	pa³³	A	A	A	A	A	A	A	A	A
841	个(人)	ma³³	A	A	A	A	A	A	A	A	A
842	个(碗)	tɕi³³	A	A	A	A	A	A	A	A	A
843	棵(树)	bo³³	A	A	A	A	A	A	A	A	A
844	只(鸡)	ma³³	A	A	A	A	A	A	A	A	A
845	把(刀)	tɕhi⁵⁵	A	A	A	A	A	A	A	A	A
846	把(米)	ku²¹ tsʅ³³	A	A	A	A	A	A	A	A	A
847	条(绳子)	tɕi³³	A	A	A	A	A	A	A	A	A
848	张(纸)	tɕhi³³	A	A	A	A	A	A	A	A	A
849	根(棍)	tɕi³³	A	A	A	A	A	A	A	A	A
850	粒(米)	ma³³	A	A	A	A	A	A	A	A	A
851	滴(水)	tho⁵⁵	A	A	A	A	A	A	A	A	A
852	件(衣服)	gu³³	A	A	A	A	A	A	A	A	A
853	双(鞋)	dzi³³	A	A	A	A	A	A	A	A	A
854	庹	li³³	A	A	A	A	A	A	A	A	B	B
855	拃	tɕhu³³	A	A	A	A	A	A	A	A	B	B
856	下(打一)	lo⁵⁵	A	A	A	A	A	A	A	A	A
857	寸	tshw²¹	A	A	A	A	A	A	A	A	A
858	尺	tsʅ²¹	A	A	A	A	A	A	A	A	A
859	亩	mo³³	A	A	A	A	A	A	A	A	A
860	升	ʂʅ³³	A	A	A	A	A	A	A	A	A
861	斗	mo³³	A	A	A	A	A	A	A	A	A
862	两	ʐo²¹	A	A	A	A	A	A	A	A	A
863	斤	tɕi²¹	A	A	A	A	A	A	A	A	A
864	元	va⁵⁵	A	A	A	A	A	A	A	A	A
865	我	ŋa³³	A	A	A	A	A	A	A	A	A
866	我们	ŋo²¹	A	A	A	A	A	A	A	A	A
867	咱们	ŋo²¹ ɣo³³	A	A	A	A	A	A	A	A	A
868	你	nɯ³³	A	A	A	A	A	A	A	A	A
869	你们	ni³³	A	A	A	A	A	A	A	A	A
870	他	tshʅ³³	A	A	A	A	A	A	A	A	A
871	他们	tsho²¹ ɣo³³	A	A	A	A	A	A	A	A	A

(续表)

872	自己	dz̩^{55} tɕɛ^{33}	A	A	A	A	A	A	A	A	A
873	别人	su^{55}	A	A	A	A	A	A	A	A	A
874	这	thi^{55}	A	A	A	A	A	A	A	A	A
875	这里	thi^{55} ko^{33}	A	A	A	A	A	A	A	A	A
876	那	a^{33} di^{55}	A	A	A	A	A	A	A	A	A
877	那里	a^{33} di^{55} ko^{33}	A	A	A	A	A	A	A	A	A
878	谁	kha^{33} di^{33}	A	A	A	A	A	A	A	A	A
879	什么	ɕi^{55}	A	A	A	A	A	A	A	A	A
880	哪	kha^{55}	A	A	A	A	A	A	A	A	A
881	哪里	kha^{55} ko^{33}	A	A	A	A	A	A	A	A	A
882	多少	khɯ^{21} n̩i^{33}	A	A	A	A	A	A	A	A	A
883	刚才	a^{21} m̩^{55} si^{33}	A	A	A	A	A	A	A	A	A
884	先	mɛ^{21}	A	A	A	A	A	A	A	A	A
885	后	ɣa^{33}	A	A	A	A	A	A	A	A	A
886	立刻	tsh̩^{33} lɔ^{33} mu^{33}	A	A	A	A	A	A	A	A	A
887	常常	dɯ^{33} dɯ^{33} mu^{33}	A	A	A	A	A	A	A	A	A
888	慢	ɛ^{33} za^{33} mu^{33}	A	A	A	A	A	A	A	A	A
889	快	ndʑi^{33} mu^{33}	A	A	A	A	A	A	A	A	A
890	都	ŋɯ^{33} kɯ^{55}	B	B	B	B	B	B	B	B	C	C
891	也	n̩i^{33}	B	B	B	B	B	B	B	B	C	C
892	再	hi^{33} ʑi^{21}	B	B	B	B	B	B	B	B	C	C
893	就	ne^{33}	B	B	B	B	B	B	B	B	C	C
894	一定	a^{21} nr̩^{33}	A	A	A	A	A	A	A	A	A
895	不	a^{21}	A	A	A	A	A	A	A	A	A
896	未(没有)	a^{21} dʐo^{33}	A	A	A	A	A	A	A	A	A
897	别	ma^{21}	A	A	A	A	A	A	A	A	A
898	还	hi^{33} ʑi^{21}	A	A	A	A	A	A	A	A	A
899	已经	o^{44}	A	A	A	A	A	A	A	A	A
900	和	si^{33} ni^{21}	A	A	A	A	A	A	A	A	A

表36　被调查人基本信息

代号	姓名	民族	年龄	文化程度	居住地
1	阿木依布	彝	15	初二在读	田坝镇胜利村
2	阿依布吉	彝	19		苏雄镇阿兹觉村
3	阿木拉夫	彝	13	初二在读	斯觉镇觉呷村
4	木乃依布	彝	14	小六在读	斯觉镇斯觉村
5	杨靖	藏	22		蓼坪乡朗摩代村
6	沙马阿牛	彝	10	小五在读	
7	马国彝	彝	39		
8	阿呷布哈嫫	彝	17	初三在读	玉田镇永久村
9	阿卓阿依	彝	7	小二在读	斯觉镇斯觉村
10	杨明琼	藏	32	中专	城关镇新市坝

四 调查日志

2006 年 6 月 10 日

中央民族大学"甘洛县民族语言使用情况个案调查研究"课题组成立。确定中央民族大学少数民族语言文学系 2003 级基地班,去凉山彝族自治州甘洛县进行毕业实习。

2006 年 6 月 11 日至 7 月 4 日

进行调查前的准备工作。收集、复印关于彝族、彝语、尔苏藏族、藏语尔苏话的研究成果;熟悉甘洛县彝族、尔苏藏族的基本情况;大致了解彝语、藏语尔苏话的特点;编写调查问卷和调查提纲。

2006 年 7 月 6 日

调查队抵达甘洛县,甘洛县县委办公室接待。

2006 年 7 月 7 日

调查队与甘洛县教育局、文体局、档案局、语委等部门工作人员进行座谈交流。

2006 年 7 月 8 日

调查队分成三组到教育局、语委、档案局查阅有关文献资料,力求全面了解甘洛少数民族的基本情况。

2006 年 7 月 9 日至 7 月 19 日

调查队分组对甘洛县七个片区的乡镇进行民族语言使用情况的调查。

2006 年 7 月 20 日

回京。

2006 年 8 月至 9 月

录入调查数据,整理调查资料,撰写书稿。

我们第二次赴甘洛县进行"甘洛民族语言使用个案情况调查研究"共有9人组成,其中5名教师:木乃热哈、陈国光、朱文旭、马娟、罗芳;4名研究生:杰觉伊泓、卫炜、余丽丽、翁古合加。另外,甘洛有两名中央民族大学在读本科生邓璇和沙玛卡璐也参加了部分调查。

2007年1月23日至1月24日

召开会议进行调查动员和进行调查培训,并对第一次调查(即2006年7月的调查)情况再次进行了梳理和总结,确定这次调查的重点是城镇居民,因为上次的调查缺了这一项调查,另外也对个别区乡进行补充调查,增加新的数据。

2007年1月27日

调查组抵达甘洛县,休整。

2007年1月28日

拜访了县里的有关领导,把调查的内容、有关的时间安排与他们进行了协商,得到县里的支持。

2007年1月29日

到县公安局了解彝语使用状况和收集有关的最新人口数据资料。县公安局户籍科工作人员为调查组提供了各派出所的最新人口资料数据及民族成分表。

2007年1月30日

调查组去县民族中学调查彝族学生语言使用现状和语言使用态度。

2007年1月31日

开会总结各组调查的情况、调查组成员的看法和建议、在调查中出现的突出问题,规范表格的操作,以进一步完善调查工作。

2007年2月1日

上午调查宾馆、酒店等场所的彝族语言使用情况。滨河佳苑是甘洛县城最具彝族特色的娱乐餐饮场所。

下午,调查组对县医院的医务人员进行了语言使用情况调查。

2007年2月2日

上午调查组在县政协骆华主席的陪同下,到玉田镇进行语言使用情况的调查。我们共完成了 22 份问卷调查。

2007 年 2 月 3 日

　　调查组到田坝工委胜利乡调查彝族学生的语言使用状况。胜利乡是彝族著名的土司岭光电的原居地。调查小组一共做了 17 份问卷,其中彝族学生 16 份,汉族学生 1 份。

2007 年 2 月 4 日

　　调查组到普昌镇调查彝族学生的语言使用情况,普昌彝语叫普查。普昌原来没有人居住,现在的居民是近几年才从山上搬下来的。

　　在镇政府的安排下,对放寒假在家的彝族学生进行语言使用情况调查,我们做了 15 份问卷调查表,其中有 1 份是关于藏族语言使用的调查表。

2007 年 2 月 5 日

　　调查组到斯觉镇做彝族学生语言使用调查,斯觉在甘洛属于诺木苏区域,本地所操语言是圣乍土语,居民绝大部分是彝族,汉族极少。我们共访谈了 50 多人,做了 13 份调查问卷。其中彝族 11 份,汉族 2 份。

2007 年 2 月 6 日

　　调查组进行分头调查,木乃热哈、陈国光、罗芳、马娟四位老师到城关镇依子村(彝藏杂居)调查藏语尔苏话使用情况;卫炜、余丽丽、沙玛卡璐、翁古合加到公安局和法院进行问卷调查;朱文旭、杰觉伊泓到广播电视局去调查乌史大桥彝族人的相关情况。

2007 年 2 月 8 日

　　回京。

2007 年 3 月至 5 月

　　录入调查数据,整理调查资料,撰写书稿。

五　照片

1. 课题组在甘洛县政府会议室开会总结

2. 课题组在甘洛县民族中学做问卷调查

9. 课题组与普昌镇领导合影

10. 课题组在普昌镇小学做语言使用情况调查

11. 尔苏藏族沙巴一家

参考文献

阿伍 《彝族的族源》，《贵州民族研究》2003年第2期。

戴庆厦等 《基诺族语言使用现状及其演变》，商务印书馆，2007。

戴庆厦、邓佑玲 《城市化：中国少数民族语言使用功能的变化》，《陕西师范大学学报》2001年第1期。

戴庆厦、关辛秋 《中国少数民族双语教育的现状及发展趋势》，《黑龙江民族丛刊》1998年第1期。

邓佑玲 《族际交流与民族语言及文化的变迁——双丰村土家语言的使用现状及其演变为例》，《西南民族学院学报》2001年第8期。

方欣欣 《语言接触问题三段两合论》，华中师范大学博士论文，2004。

郭熙 《中国社会语言学》，南京大学出版社，1999。

胡素华 《多语型民族语言习得的特点分析——四川盐源县白家村藏族多语习得的个案研究》，《中央民族大学学报》（哲学社会科学版）2006年第4期。

刘辉强 《尔苏语概要》，民族出版社，2007。

普忠良 《彝语社会语言学研究概况述论》，《贵州民族研究》1997年第1期。

普忠良 《西南村落双语研究》，云南民族出版社，2004。

四川省甘洛县地方志编纂委员会 《甘洛县志》，四川人民出版社，1996。

苏金智 《国内外语言文字使用情况调查概述》，《语言文字应用》1999年第4期。

孙宏开、胡增益、黄行主编 《中国的语言》，商务印书馆，2007。

王远新 《论我国少数民族语言态度的几个问题》，《满语研究》1999年第1期。

王远新 《中国民族语言学：理论与实践》，民族出版社，2002。

巫达 《四川尔苏人族群认同的历史因素》，《中南民族大学学报》2006年第4期。

伍铁平 《论语言融合和社团方言》，《外国语》1983年第6期。

徐思益等 《语言的接触和影响》，新疆人民出版社，1997。

袁晓文主编 《尔苏藏族研究》，民族出版社，2007。

张伟 《论双语人的语言态度及其影响》，《民族语文》1988年第1期。

中国社会科学院民族研究所、国家民族事务委员会文化宣传司主编 《中国少数民族语言文字使用和发展问题》，中国藏学出版社，1993。

后　　记

"甘洛民族语言使用情况个案调查研究"这个课题,最初申请的课题论证报告是要做"四川民族语言使用情况个案调查研究",中心基地主任、语言项目总负责人戴庆厦教授认为应该对四川彝族、羌族、土家族、藏族、蒙古族、摩梭人的语言使用情况进行全面的调查和研究。课题获得批准后,经过论证,要对分布于四川的凉山、甘孜、阿坝等地的6个民族7种语言使用情况进行全面调查和研究是不可能完成的。一是当初申请课题时说每个课题组可获得20万元的项目调查经费,后来实际只有5万元的外出调查经费;二是课题组成员都是高校教师,只能利用寒暑假进行田野调查,没有充裕时间对藏族地区和羌族地区进行田野调查,只好根据项目经费和实际情况改做凉山彝族自治州甘洛县"民族语言使用情况个案调查研究";三是在此之前,还没有人对甘洛民族语言使用情况进行过全面的调查和研究。甘洛虽然远离凉山彝族腹心区,但这里的彝语是很丰富的,有圣乍土语、义诺土语,以及比较特殊的田坝土语、乌史大桥土语。另外,居住在甘洛县境的尔苏藏族所使用的语言——藏语尔苏话也很特殊,与甘孜、阿坝的藏语差别很大。

需要补充说明的是,我们这个课题实际上是做了两次田野调查。第一次是2006年7月1日至7月20日,调查结束返回北京后对调查问卷进行数据分析处理时,发现没有对居住在城里的彝族和尔苏藏族居民进行调查。为了解决这个问题,我们5名老师和4名硕士研究生,又于2007年1月23日至2月8日对甘洛进行了第二次语言使用情况调查。这次调查主要是对第一次调查过程中遗漏了或需要补充数据的村寨再次进行调查,尤其是对居住在城里的彝族、尔苏藏族进行入户调查,另外还对县里的几所小学、中学进行补充调查,对城里不同年龄段的彝族和尔苏藏族人群进行入户访谈。这次调查是在总结第一次调查的基础上进行的,因此各方面工作准备充分。通过调查,补充了第一次调查中个别乡镇所缺的材料和数据,也获得了城镇彝族和尔苏藏族居民语言使用情况的可靠数据。

我们这个课题组最初由5名教师组成,后来根据我们所要完成的工作量和时间,又吸收了5名彝缅方向的硕士研究生参加。2006年我系2003级基地班的学生也正好要到凉山彝族地区进行实习调查,为了解决他们的实习经费问题,经与甘洛县里协商,由县里给他们提供部分食宿,再从课题经费里给他们补贴部分路费,18名同学都参与到课题组语言使用情况的调查。2006年中旬课题组对所有参与调查的人员进行了两次动员和培训,尤其对参与调查的本科生和研究生进行了语言使用情况调查的相关培训,提出要严格按照课题要求进行调查。这样,实际参与这次语言使用情况调查的师生就达28人。这也是"985"子课题语言使用调查项目人数最多的一支队伍。

2006年7月1日我与陈国光老师提前动身去凉山甘洛县打前站，主要是联系解决吃、住、用车等有关事宜。学生们7月4日离京，他们乘坐的从北京到攀枝花的117次列车不在甘洛站停，7月6日晚他们将到达距甘洛50公里的汉源县站。我们乘坐由县里提供的大巴车去接站，火车正点应该是夜里11点30分到，晚上9点半沙马师傅和我们两个人开车从县里出发。7月份正是雨季，那两天正好是白天大太阳晚上下雨，山上的石头被暴晒后，大约有10多里的路段陆续有石头从山坡上滚落下来，我们非常担心雨下大了塌方把我们堵在路上，幸运的是后来雨停了。火车虽然晚点一个多小时，我们还是安全地把学生接到了甘洛，等同学们办完入住手续已是凌晨两点半了。

我们这次调查一是要对甘洛彝语田坝土语、圣乍土语和义诺土语的使用现状进行全面调查，希望通过调查分析得出甘洛彝语在汉语的影响下，它的使用功能和语言活力如何。甘洛彝族使用母语的状况是不太一样的，田坝镇、玉田镇、城关镇都是与汉族杂居，经济相对要好些，文化教育程度相对要高些，受汉语影响要大些，已经有极个别村庄的彝族人开始转用汉语。彝族聚居区的普昌镇、斯觉镇、吉米镇、苏雄镇彝族人口占绝大多数，彝语保持得很好，其语言受汉语影响也较小，但经济相对落后，村民受教育程度低，学龄儿童入学率低、巩固率更低。二是要对甘洛的藏语尔苏话的使用现状进行比较全面、深入的调查，希望通过分析得出藏语尔苏话在汉语、彝语的影响下，它的使用功能和语言活力如何。弄清甘洛彝语受汉语影响的特点和规律，以及甘洛藏语尔苏话受汉语和彝语影响的特点和规律，不仅有助于彝语和藏语尔苏话的本体研究，还能为语言接触理论的研究提供新语料。

我们课题组的调查得到了甘洛县各级领导的大力支持。县委县政府对我们的调查工作很重视，提供了很多的帮助和支持，时任县委副书记王连洪先生（尔苏藏族）和副县长何廷运先生（彝族）接待了我们。7月7日县里安排了教育局、语委、档案局、文体局等单位相关的负责人与我们进行座谈交流，使我们对甘洛的教育、语言文字使用等相关情况有了一个初步的了解，并给我们即将开展的语言使用调查研究工作提供了很多宝贵的材料。

本课题能顺利完成调查任务，要特别感谢为我们二次调查提供了很多帮助和方便的时任甘洛县县委副书记王连洪，副县长何廷运、骆华，县人民检察院检察长江新，县教育局长沙马木机，县政府办公室主任木呷萨哈，县公安局副局长杨建华，公安局干警沙洪恩，县广播电视局局长沈政府和副局长阿木什布。还有很多区、乡、村里的彝族和尔苏藏族干部，他们中的很多人还亲自带着调查组人员入村入户进行调查访谈。在调查过程中，不管是我们的发音合作人还是调查对象都常常放下农活配合我们进行调查，很多彝族和尔苏藏族民众主动为我们提供语料，而且不收误工报酬，我们只好按彝族和尔苏藏族习惯买些烟酒茶送给他们。有些人家不仅热情接待我们，还杀鸡宰猪款待我们，这让参与调查的同学们都非常感动。同学们纷纷表示，这不仅是一次有意义的语言实习调查，同时也领略了彝族和尔苏藏族人民热情好客和朴实的民风，是终身难以忘怀的。

本课题调查结束返回北京后,对数据进行统计分析时,已在美国求学的 05 级硕士生卫炜同学做了大量的前期统计分析工作,08 级硕士生李晶同学虽然没有参与本课题的田野调查,但为本书的校对统稿做了大量的后期工作,在此一并致谢!

本书各章节撰写情况如下:

第一章		木乃热哈
第二章		木乃热哈
第三章		木乃热哈
第四章	第一节	马娟
	第二节	朱文旭
第五章		胡素华、卫炜、余丽丽
第六章		陈国光、罗芳
第七章		陈国光、杰觉伊泓、李晶
附 录	个案调查	杰觉伊泓、卫炜、李晶
	调查问卷选登	杰觉伊泓、卫炜、李晶
	彝语九百词测试表	杰觉伊泓
	调查日志	卫炜

我们愿将此书献给朴实、热情、好客的彝族同胞、尔苏藏族同胞。衷心感谢为我们两次调查给予了各种帮助的朋友和好心人。祝愿甘洛彝族人民、尔苏藏族人民日子越过越好!

木乃热哈

2012 年 9 月于北京